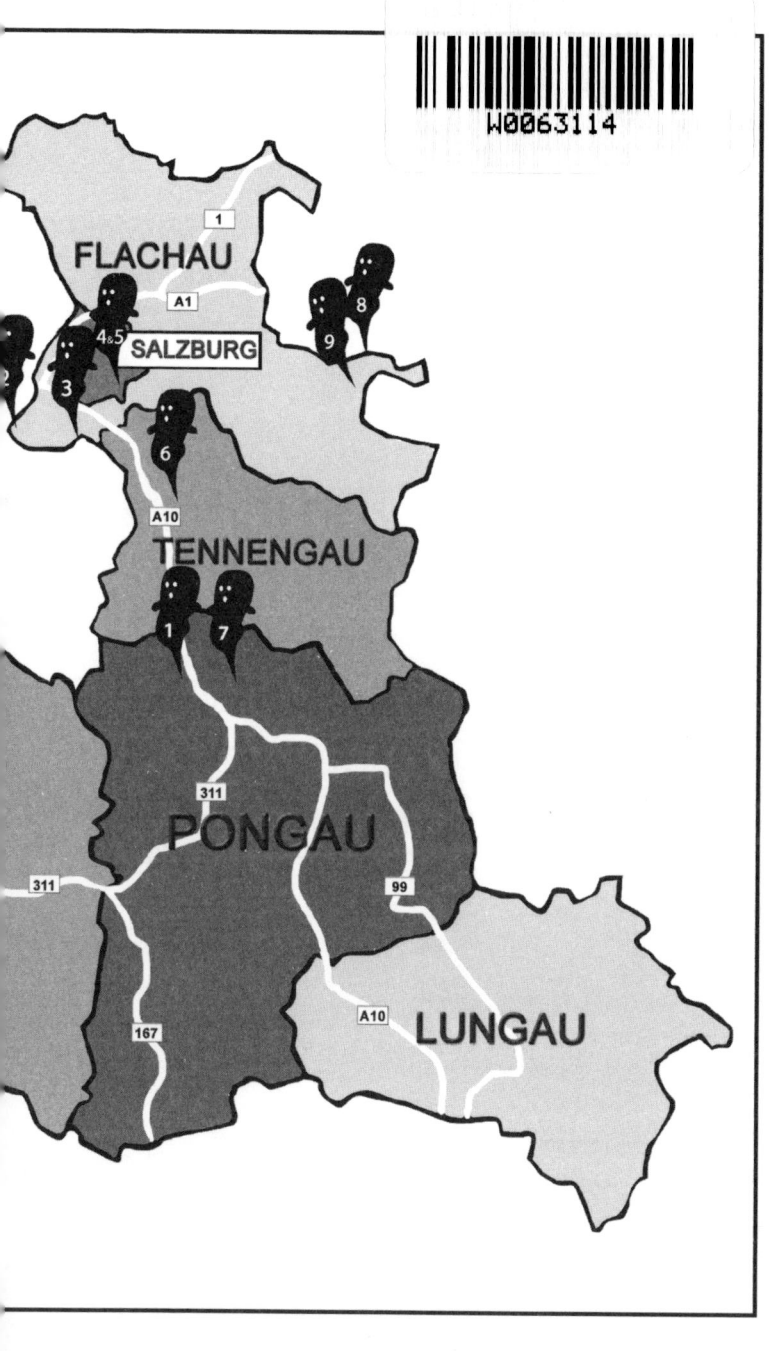

Gabriele Hasmann

ÖFFENTL TAUSCHBUCH
VERKAUF VERBOTEN

SPUK
IN SALZBURG

Mysteriöse Orte und
Begegnungen

ueberreuter

Mein Dank gilt
allen Interviewpartnern sowie
Elisabeth Kaswurm vom Tourismusverband St. Martin und
DDr. Bernhard Iglhauser in Vertretung der Gemeinde Thalgau

1. Auflage 2014
© Verlag Carl Ueberreuter, Wien 2014
ISBN 978-3-8000-7589-8

Umschlaggestaltung: BoutiqueBrutal.com
Umschlagfoto: © Pamela Obermaier
Fotos im Innenteil: © Pamela Obermaier
Karte der Spukorte: © Michael Jäger
Druck und Bindung: Druckerei Theiss, St. Stefan im Lavanttal
Das für dieses Buch verwendete Papier aus geprüfter nachhaltiger
Forstwirtschaft lieferte Salzer Papier, St. Pölten.

www.ueberreuter.at

Inhalt

Einleitende Worte

Dieses Büchlein führt Sie durch das schöne Salzburg – besser gesagt durch die nördliche Hälfte davon, denn hier scheint es »spukmäßig« weit heftiger zur Sache zu gehen als im südlichen Teil –, durch ein Land der Kultur und schönen Künste, geprägt von spannender Geschichte mit Rittern und Edelleuten, mitten hinein in eine reizvolle Landschaft, die beherrscht wird von magischen Bergen, idyllischen Almen und geheimnisvollen Seen.

Doch Salzburg ist auch ein Gebiet der Märchen und Sagen, der Illusionen und Träume.

Sie werden auf Ihrer Reise, wenn Sie dabei diesen Spukguide in Händen halten, nicht nur geschichtsträchtige Orte besuchen, sondern auch von dort anzutreffenden Wesen aus einer anderen Dimension sowie Gestalten aus der »Anderswelt« erfahren und vielleicht sogar selbst auf diese treffen.

Wenn Sie auf den Spuren unsterblicher Persönlichkeiten wandeln, bereit sind, in den alten Legenden ein Fünkchen Wahrheit zu erkennen, und Ihre Augen und Ohren offen halten, können Sie an meinen für Sie ausgewählten mystischen Plätzen auch den Hauch des Jenseits spüren sowie den Geistern der Vergangenheit und anderen fantastischen Erscheinungen begegnen.

Alles, was Sie tun müssen, um das gesamte Ausmaß der Existenzen in den Sphären unseres Planeten zu begreifen, ist, unerklärliche Phänomene als »normal« zu akzeptieren und keine Angst davor zu haben.

Sobald Sie Ihren logischen Verstand ausschalten, aufmerksam sind und furchtlos in das Fluidum des Zeitgefüges eintauchen, allerdings ohne dabei den Boden unter den Füßen zu verlieren, werden Sie besondere Erfahrungen machen – welcher Art diese auch immer sein mögen.

Vergessen Sie dabei nicht, dass es sich bei den Geschichten in diesem Buch, die mir von Augenzeugen erzählt wurden, um persönliche Erlebnisse Einzelner handelt. Erwarten Sie daher nicht, dasselbe zu erleben!

Bleiben Sie auf Ihrer Tour durch Salzburg offen und genießen Sie die Schwingungen an den Plätzen, die ich Ihnen in diesem Büchlein vorstelle. Spüren Sie in die Tiefe – jene des jeweiligen Ortes, aber auch Ihre eigene. Dann werden Sie so manche Überraschung erleben.

Ich wünsche Ihnen eine schöne Reise!

Liebe Grüße,
Gabriele Hasmann

Werfen im Pongau: Festung Hohenwerfen

Jenseitige Botschaften in Verlies und Fürstenzimmer

Die Festung Hohenwerfen thront als mittelalterliche Burg auf einem rund 150 Meter hohen Felskegel am nördlichen Ende des Marktes Werfen im Pongau – die genaue Adresse lautet Burgstraße 2. Der Ort ist aus allen Richtungen über die Tauernautobahn (A 10) erreichbar.

Die Errichtung des Wehrbaus erfolgte, ebenso wie die der Festung Hohensalzburg in der Stadt Salzburg, in den Jahren 1075 bis 1078 und wurde von Erzbischof Gebhard initiiert, möglicherweise um die Rückkehr König Hein-

9

richs IV. aus Italien (von seinem Gang nach Canossa, wo er die Lösung vom Kirchenbann erreicht hatte) über Salzburger Territorium zu verhindern. Gebhard stand im damals tobenden Investiturstreit auf der Seite des Papstes und musste somit auch damit rechnen, zum Angriffsziel der kaisertreuen Partei zu werden.

Heinrich IV. wählte dann auch tatsächlich eine andere Reiseroute, nämlich die über den Felber Tauern. Allerdings hat sich der Herrscher dennoch gerächt: Er ließ das Land mehrmals plündern und vertrieb Gebhard 1077 aus Salzburg. Der kehrte nach dem Exil erst 1086 auf die Festung Hohenwerfen zurück, wo er am 15. Juni 1088 verstarb.

Die Aufgabe der Burg war es zur damaligen Zeit, das Salzachtal zu sperren und die Stadt Salzburg vor Angriffen aus dem Süden zu schützen. Daneben diente sie als zweite Residenz und Jagdschloss der Fürsterzbischöfe.

Erzbischof Konrad I. Graf Abensberg ließ die Burg von 1127 bis 1142 mit Schießscharten, Wehrerker, Zwinger und Flankierungstürmen versehen. Ein zeitgenössischer Autor lobte Hohenwerfen als *Musterfestung, die jedem Fremden zurufe: »Bis hierher – und nicht weiter!«* Damals entstand die erste vollendete Burganlage, die auch als Gefängnis diente, danach stellten die Erzbischöfe Salzburgs die Bautätigkeit weitgehend ein.

Anfang des 15. Jahrhunderts ließ Erzbischof Eberhard III. die Wehreinrichtungen der Festung der neu aufgekommenen Artillerie anpassen.

Während der Bauerkriege, im Jahr 1525, wurde Hohenwerfen total verwüstet, im Zuge der Renovierungsarbeiten unter dem Erzbischof Matthäus Lang sind unter anderem das erste Sperrbogengebäude, der Wallerturm und ein überdachter Wehrgang, die sogenannte »Finstere Stiege«, entstanden. Bis 1534 hat man aufgrund der drohenden Türkengefahr die Festung verstärkt. Im Jahr 1563 setzte im Auftrag des Salzburger Erzbischofs Johann Jakob Khuen von Belasy unter der Leitung italienischer Spezialisten der Festungsbaukunst die zweite Bauphase ein – *wegen der Rebellen Praktiken in und außer Landes*, wie ein Historiker im Jahr 1565 schrieb. Die Italiener mussten sich verpflichten, nur bestes Baumaterial zu verwenden und etwaige spätere Bauschäden auf eigene Kosten zu reparieren. 1573 ließ Khuen von Belasy den großen Saalbau der Burg errichten. Damals sah Hohenwerfen bereits in etwa so aus wie heute. Die Besatzung bestand aus rund 50 Soldaten mit ihren Familien.

1632 ordnete Kurfürst Maximilian von Bayern die Unterbringung seiner Schätze auf Hohenwerfen an.

Im 17. und 18. Jahrhundert diente die Burg vorwiegend als Zeughaus, außerdem weiterhin als Gefängnis, wie schon seit dem 12. Jahrhundert. So musste beispielsweise im Jahr 1198 Erzbischof Adalbert III. zwei Wochen hier im Fall- oder Faulturm verbringen.

Um 1800 wurden alle wertvollen Geschütze von der Burg abtransportiert und die beweglichen Einrichtungsgegenstände versteigert.

Von 1809 bis 1816, als Salzburg zu Bayern gehörte, überließ man Hohenwerfen dem Verfall, sodass die ehemals stolze Festung bald einer Ruine glich, die abgerissen werden sollte. Doch Kaiser Franz I. ordnete 1823 an: »Ich will, dass die

Veste Hohenwerfen beibehalten und so, wie sie dermalen ist, dem Militär übergeben werde.« 1824 setzte sich Erzherzog Johann, der Bruder des Kaisers, aus nostalgischen Gründen dafür ein, dass die Festung mit beträchtlichen Mitteln wiederhergestellt werden konnte. Nach der Restaurierung ist die Burg vorwiegend als Jagdschloss genutzt worden.

1898 erwarb Erzherzog Eugen Hohenwerfen, der das Anwesen, das sich zu diesem Zeitpunkt erneut in einem höchst desolaten Zustand befand, zu seinem Fürstensitz ausbauen ließ. 1931 brach im Saalbau der Burg ein Feuer aus, das einen beträchtlichen Schaden verursachte. Der Glockenturm und die etwa 4.400 Kilo schwere »Burgahnl« aus dem 16. Jahrhundert konnten jedoch gerettet werden und an hohen Feiertagen wird die Glocke noch heute geläutet. Eugen setzte die Burg größtenteils wieder instand, veräußerte dafür sogar seine Waffensammlung, musste sie aber 1938 an die nationalsozialistische Gauleitung verkaufen. Während des Zweiten Weltkriegs wurde Hohenwerfen als Schulungszentrum der NSDAP genutzt. 1945 ging die Burg in den Besitz des Landes Salzburg über, wurde zunächst als Ausbildungszentrum für die Gendarmerie genutzt und ab 1987 für den Tourismus freigegeben. Vorwiegend im Sommer finden hier unter anderem Konzerte, Burgfeste und Greifvögel-Flugvorführungen (auf Anfrage) des Salzburger Landesfalkenhofes statt.

Besichtigungen der Festung Hohenwerfen sind möglich und auch Burgführungen finden regelmäßig statt.

Nähere Infos finden Sie unter http://www.salzburg-burgen.at/de/werfen/

Die Festung diente mehrmals als Kulisse und Drehort für Spielfilme:

1968 »Agenten sterben einsam« mit Clint Eastwood und Richard Burton

1972 »Kinderarzt Dr. Fröhlich« mit Roy Black

2000 »Das zehnte Königreich« mit Ed O'Neill, Dianne Wiest und Rutger Hauer

2003 »Voll verheiratet« mit Ashton Kutcher und Brittany Murphy

Die zwei bekanntesten Gefangenen der Burg waren der eigenwillige Erzbischof Wolf Dietrich von Raitenau und der sture Bauer Josef Steinwender.

Wolf Dietrich von Raitenau musste auf Betreiben des Bayernherzogs Maximilian I. sein Amt abgeben und war bis zu seinem Tod auf Hohenwerfen eingekerkert. Als Grund dafür wurde sein Fernbleiben von der Katholischen Liga, einem Zusammenschluss katholischer Reichsstände im Vorfeld des Dreißigjährigen Krieges, genannt, ein weiterer Streitpunkt war der Salzpreis. Da das »weiße Gold« damals in Gegenden ohne Salzbergwerke rar und daher teuer war, verdienten neben den Salzproduzenten auch die Städte viel Geld mit dem Mineral, da sie Zoll an den Transportwegen einnahmen.

Die Inschrift *Lieb ist Leides Anfang* an einer Wand des Fürstenzimmers, in dem Wolf Dietrich von 11. Oktober bis 16. November 1611 eingesperrt war, bezieht sich auf die Liebe zu seiner Lebensgefährtin Salome Alt, mit der er 15 Kinder hatte und für die er das Schloss Mirabell in Salzburg erbauen ließ. Der Erzbischof hat noch einen weiteren Spruch in die Mauern seines Gefängnisses eingeritzt: *Gibt in der Welt vil Trug – Tue recht und fürcht die Lug. – Damit ward ich betrogen.* Beide Inschriften wurden bei Renovierungsarbeiten zwischen 1824 und 1831 entdeckt, jedoch bei dem Brand im Jahr 1931 zerstört. Heute befindet sich im ehemaligen Fürstenzimmer die Hochzeitskemenate, in der Frischvermählte übernachten können.

Eine beinahe ebenso traurige Geschichte erzählt von dem »stummen Gefangenen« Josef Steinwender, einem Bauern aus Lasaberg im Lungau. Er war während der Verfolgung der Protestanten 1760 bei einem Geheimtreffen der Lutheraner verraten worden, nachdem er größenwahnsinnig verkündet hatte: »Im Lungau wird keiner selig außer mir!« Der Bauer wurde sogleich verhaftet und zu Verhören auf Schloss Moosham (Spukerscheinungen auf Schloss Moosham siehe »Geisterschlösser in Österreich«, von Christof Bieberger, Alexandra Gruber, Gabriele Hasmann und Johannes von Herberstein, Ueberreuter Verlag, Wien 2004) gebracht. Nach seiner Freilassung outete er sich öffentlich als Lutheraner, woraufhin er auf der Burg Hohenwerfen eingesperrt wurde. Weil Josef Steinwender irgendwann von den ständigen Verhören und den Bekehrungsversuchen die Nase voll hatte, sprach er kein einziges Wort mehr. Dadurch konnte er sich davor retten, zum Verräter an seinen Glaubensgenossen zu werden. Steinwender verweigerte die ganze Zeit über auch jeden Kontakt zur Außenwelt, sogar zu seiner Frau und seinen vier Kindern. Erst als seine Kerkerhaft dem Ende zuging, sprach er mit seinem ältesten Sohn, der ihn im Verlies besuchte, um die Erbfolge zu regeln. Der Bauer wollte nach seiner Entlassung jedoch nicht mehr auf seinen Hof zurückkehren. Er blieb nach seiner Freilassung auf Hohenwerfen und arbeitete dort bis zu seinem Tod am 5. Oktober 1782 als Gefangenenwärter.

Neben schweren Schritten und Stimmen von Unsichtbaren, die immer wieder im Gang, in dem auf Burg Hohenwerfen die Greifvögel untergebracht sind, von einigen Falknern gehört werden, melden sich angeblich vor allem Erzbischof Wolf Dietrich von Raitenau und Bauer Josef Steinwender aus dem Jenseits zu Wort.

In dem Fürstenzimmer, in dem einst Wolf Dietrich eingesperrt war und in dem sich heute die Hochzeitskemenate befindet, soll schon mehrmals der Spruch *Lieb ist Leides Anfang* für einige Minuten auf der Wand aufgetaucht und danach wieder spurlos verschwunden sein.

Susi, eine 27-jährige Bürokauffrau aus Salzburg, hat mir Folgendes erzählt:

»Ich habe vor drei Jahren geheiratet, und mein Mann Jo und ich hatten uns von meinen Eltern eine Hochzeitsnacht auf Burg Hohenwerfen gewünscht. Vor allem war es mir wichtig, die aufregendste Nacht meines Lebens, die es dann auch tatsächlich werden sollte, in diesem wunderschönen Schloss zu verbringen.

Nach der Feier, die bis 23 Uhr gedauert hatte, zogen wir uns auf das Zimmer zurück. Mein Mann war ein wenig angeheitert und übermütig. Er warf mich aufs Bett und fing an, mich zu kitzeln. Während ich ihn lachend abzuwehren versuchte, fiel mein Blick auf die vor mir liegende Wand, auf der stand: *Lieb ist Leides Anfang.* Ich schubste meinen frisch angetrauten Gatten zur Seite und las die Worte laut vor, was Jo sehr zu amüsieren schien. Doch als ich auf den Schriftzug deutete, wurde er schlagartig ernst und meinte: ›Das ist ja eine Frechheit, so einen Blödsinn auf die Wand einer Hochzeitssuite zu schreiben.‹ Dann schüttelte er verständnislos den Kopf und ging ins Badezimmer.

Auch mir war der Übermut vergangen, ich hockte mich aufs Bett und versuchte, den Sinn der Aussage zu verstehen. Doch noch während ich rätselte, verblassten die Worte vor meinen Augen und verschwanden schließlich zur Gänze, wurden quasi von der Mauer eingesogen. Als mein Mann wieder das Zimmer betrat, war nichts mehr zu sehen. Er konnte sich den Vorfall nicht erklären und legte, mittlerweile vor Aufregung komplett nüchtern, seine Hand auf die Stelle, wo sich vorher der Spruch befunden hatte. Ich stand neben ihm und versuchte, ihn zu beruhigen, als wir einen Seufzer hörten, der aus der Mauer kam. Jo hat sofort die Hand weggerissen und ist nach hinten getaumelt und aufs Bett gefallen. Wir sind dann sofort schlafen gegangen, weil wir in diesem Moment von den Ereignissen völlig überfordert waren.

Sicher bin ich mir wegen des Geräusches heute nicht mehr. Mein Mann hat schon am nächsten Tag behauptet, dass wir uns den Seufzer nur eingebildet haben. Aber der Spruch war da, daran besteht kein Zweifel. Jedenfalls hatten wir eine sehr aufregende und vor allem außergewöhnliche Hochzeitsnacht!«

Ursula Hepp von API (Austria Paranormal Investigators) hat sich im Sommer 2010 ebenfalls auf der Burg aufgehalten, um sich dort ein wenig umzusehen und Aufnahmen zu machen, da ihr zu Ohren gekommen war, dass es auf Hohenwerfen spuken soll. Tatsächlich hatte es sich zugetragen, dass vor einiger Zeit ein junges Mädchen während einer Führung völlig verstört beim Uhrturm zurückgeblieben ist. Man fand sie später total aufgelöst auf einer Treppe sitzend vor. Nachdem sie ihre Tränen getrocknet und ihre Sprache wiedergefunden hatte, erzählte sie von einer Erscheinung, die beim Turm aufgetaucht war. Sie wusste nicht, ob das Wesen, das sie gesehen hatte, eine Frau oder ein Mann gewesen war, nur, dass es nicht von der irdischen Welt gewesen sein konnte. Seit dieser Zeit werden in dem Bereich keine Führungen mehr veranstaltet.

Uschi berichtete von einem eigenartigen Nebel im Uhrturm, von sonderbaren, träge wabbernden Schwaden, die sie dort gefilmt hat und die sich durch nichts erklären lassen. Eine menschenähnliche Gestalt konnte sie allerdings nicht erkennen.

Außerdem war auf dem Aufnahmegerät klar und deutlich ein Kettenklirren aus dem Verlies zu hören. Ein Angestellter der Burg hat ausgeplaudert, dass sich der »stumme Josef« auch heute noch manchmal bemerkbar macht, indem sein Geist hin und wieder im Kerker, in dem der Bauer so viele Jahre lang eingesperrt war, an den Ketten reißt.

Allerdings war hier unter anderen auch die »Schinderbärbel«, die Mutter des Zauberer Jackl (siehe auch: »Zauberer Jackl und die Geisterbuben«), eingesperrt, nachdem man sie im Jahr 1675 beim Stehlen erwischt hatte und zusätzlich der Hexerei bezichtigte.

Bei der rasselnden Spukgestalt könnte es sich allerdings auch um Herzog Ludwig handeln, den Sohn des Kärntner Herzogs Meinhard II., der im Juli 1292 von Ulrich von Heunburg gefangen genommen wurde. Ulrichs Verbündeter bei dieser Tat, Erzbischof Konrad von Salzburg, sicherte sich die wertvolle Geisel, um sie für seine eigenen Zwecke einzusetzen, und brachte sie nach Hohenwerfen. Nach einem Friedensvertrag zwischen den Reichsfürsten, dem Erzbischof von Salzburg sowie den Herzögen von Baiern, Österreich und Kärnten kam Herzog Ludwig 1293 wieder frei. Nachdem er im Jahr 1305 verstorben war, soll er als Spukwesen auf die Festung, in der er einst mehrere Monate im Burgverlies angekettet gewesen war, zurückgekehrt sein, um sich an dem Kerkermeister zu rächen, der ihn täglich aus purer Freude am Quälen geschlagen und hungern lassen hatte. Ludwig soll, so die Legende, danach geblieben sein, weil er nicht wusste, wohin seine Seele gehörte und ihr niemand den Weg zur Erlösung wies.

Tatsächlich, so erzählt man sich bis heute in der Region, soll zu Beginn des 14. Jahrhunderts ein Mann, der sich um die Gefangenen im Keller der Festung kümmerte, auf rätselhafte Art und Weise zu Tode gekommen sein. Der Wärter wurde angeblich mit bis zur Unkenntlichkeit entstellten Gesichtszügen, die das blanke Entsetzen widerspiegelten, und weit aufgerissen Augen eines Morgens leblos vom Burg-herrn aufgefunden. Die zu dieser Zeit Inhaftierten gaben an, dass der Kerkermeister abends erschienen war, um ihnen Brot und Wasser zu bringen, und beim ersten Blick in das Verlies zuerst panisch zu schreien begonnen, sich dann mit zu einer Fratze verzogenen Miene ans Herz gegriffen und dabei sein Leben ausgehaucht hatte.

Großgmain: Plainburg

Das Kinderskelett im Torturm und die unsichtbare Hand

Die Plainburg, aufgrund ihrer Lage an der alten Salzstraße – einem Handelsweg, auf dem im Mittelalter Salz transportiert wurde – auch »Salzbüchsl« genannt, liegt in Großgmain (etwa 1,5 Kilomter östlich des Ortskerns) am westlichen Ausläufer des Untersbergs (siehe auch: »Die verschwundenen sieben Stunden und Frau Pegius«) und ist eine der ältesten Burgruinen Österreichs.

Es wird vermutet, dass sich anstelle der heutigen Burg am selben Ort im 10. Jahrhundert eine romanische Befestigungsanlage befunden hat, bereits 1200 v. Chr. haben die Kelten den Berg als Begräbnisstätte genutzt.

Die Plainburg dürfte um 1100 errichtet worden sein, als Bauherr des Innenhofs und des Torhauses wird Graf Werigand von Plain genannt, der einer Familie entstammte, die schon 800 v. Chr. aus Frankreich eingewandert war.

Im Jahr 1140 erfolgte die erste urkundliche Erwähnung der Burg als »Plagien Castrum«. Sie blieb bis zum Tod von Werigands Ur-Ur-Enkeln Otto II. und Konrad III. im Jahr 1260, als beide in der Schlacht von Staatz gegen die Ungarn fielen, im Familienbesitz der Plainer Grafen. Da die beiden ohne Nachkommen verstarben, ging die Burg in den Besitz des Erzbistums Salzburg über und diente den Fürsterzbischöfen als Landfeste, außerdem dem Schutz des Salzhandelsweges.

In den Jahren 1470 bis 1796 wurde die Plainburg immer wieder umgestaltet, saniert sowie auch gesichert und 1744 während des Österreichischen Erbfolgekrieges ein letztes Mal mit Militär besetzt. Nachdem der letzte Soldat 1796 ausgezogen war, setzte der endgültige Verfall der Burg ein, den im 19. Jahrhundert weder König Ludwig I. noch Fürst Otto von Bismarck aufhalten konnten.

1809 hat man die letzte Glocke der Burgkapelle vor den anrückenden Franzosen gerettet und sie in die Pfarrkirche von Grödig gebracht.

In den 1970er-Jahren wurde im Zuge von baulichen Sicherungsarbeiten im Turm des Torhauses der Ruine das Skelett eines Kindes gefunden, das dort eingemauert worden war.

Es trug sich einmal zu, so erzählt man sich, dass einem Plain-Grafen ein Sohn geraubt wurde. Der verzweifelte Vater war ganz krank vor Kummer und suchte nach dem Stammhalter, doch das Kindlein tauchte nicht mehr auf.

Einige Zeit darauf lud der durch seine Gräueltaten im ganzen Salzburgerland bekannte Ritter Wetzel von Glanegg seine Feinde zu einem wahrhaft üppigen Mahl in seine Burg ein, um, wie er sagte, nach langer Belagerung und einem erfolglosen Einnahmeversuch seiner Festung durch die Grafen Plain den daraufhin beschlossenen Waffenstillstand zu feiern.

Der böse Ritter prahlte recht, als er das üppige Menü auftragen ließ, wollte er doch die Plainer Grafen mit dem Überfluss, der auf Glanegg herrschte, beeindrucken. Zum feinen Mahl floss der Wein in Strömen und schon bald herrschte eine ausgelassene Stimmung – das böse Blut und die alte Feindschaft waren scheinbar vergessen.

Auf Befehl des Wetzel von Glanegg brachte nach einiger Zeit ein Diener eine große, verdeckte Schüssel in den Rittersaal, wo das Essen stattfand, und sagte zu einem der Plainer Grafen, dass dieses Gericht der Höhepunkt des Festes sei, das er ihm und der Seinen zu Ehren gegeben hatte, und es nur ihm alleine zustehe. Dabei lachte der böse Ritter hämisch, in seinen Augen blitzte der Hass. Unsicher hob der Graf von Plain den Deckel und sah sein eigenes Kind, zubereitet und garniert wie ein schweinerner Braten, auf der Silberplatte liegen.

Der arme Vater wurde beinahe wahnsinnig bei dem Anblick, nahm seinen Sohn unter lautem Wehklagen und Heulen in die Arme, trug ihn zu Fuß im strömenden Regen zurück zu seiner Burg und ließ ihn dort im Tor einmauern.

Als man das kleine Skelett in den 1970er-Jahren fand, glaubte man den Beweis für diese Erzählung, die man sich von Generation zu Generation in Salzburg erzählte, gefunden zu haben.

Heute sind von der Plainburg nur noch die über fünf Meter hohen und durchschnittlich etwa 1,45 Meter dicken Außenmauern, die von den Plainer Grafen erbaut wurden, der Innenhof und der Eingangsbereich mit dem Torturm erhalten.

Das Portal trägt das Wappen von Maximilian Gandolf Graf von Kuenburg (siehe auch: »Zauberer Jackl und die Geisterbuben«).

Mit der schön angelegten Aussichtsplattform, von der aus man einen weiten Ausblick über das Land hat, stellt die Ruine ein beliebtes Ausflugsziel dar. Der Zutritt ist ganzjährig möglich und kostenlos, der Innenhof ist jedoch im Winter gesperrt.

Romana Krznewsky aus Mörbisch im Burgenland war im Oktober 2011 auf beruflicher Fortbildung in Bad Reichenhall und hat an den Wochenenden die Zeit für Ausflüge in die Umgebung genutzt.

An einem Samstag fuhr sie mit dem Mietwagen nach Großgmain, um sich die Ruinen der Plainburg anzusehen. Was ihr bei den alten Mauern passiert ist, schilderte sie mir in einem Interview.

»Ich habe in einem Folder, der in meiner Unterkunft auflag, ein Foto von der Ruine Plainburg gesehen, das mich total angesprochen hat. Da mich niemand von meinen Kollegen begleiten wollte, setzte ich mich am Samstag um neun Uhr in das geliehene Auto und fuhr allein nach Großgmain. Dichter Nebel lag über der Landschaft, die dicken Schwaden trieben wie überdimensionale Wattebäusche vor mir über die Straße und nahmen mir immer wieder die Sicht.

Bei der Burg angekommen stellte ich mit Bedauern fest, dass ich nicht weiter als bis zum Torhaus kam, da der Zutritt untersagt war. Enttäuscht strich ich über die alten Steine des Portals, trat zurück und betrachtete das imposante Gemäuer noch einmal von außen, bevor ich mich wieder auf den Rückweg machen wollte. Der Nebel wurde immer dichter, außerdem begann es zu nieseln. Da mittlerweile auch der Wind weiter aufgefrischt hatte, begann ich zu frieren und hastete Richtung Auto, das ich in etwa hundert Meter Entfernung geparkt hatte.

Noch bevor ich mein Fahrzeug erreichen konnte, klingelte mein Handy. Ich fischte das Telefon aus meiner Tasche und sagte laut ›Hallo?‹, während um mich herum ein Sturm zu brausen begann, von dem mich eine Bö plötzlich frontal erwischte und beinahe umwarf. Ich vernahm allerdings nicht nur um mich herum, sondern auch aus dem Handy nur ein lautes Rauschen und dazwischen eine dünne Stimme, die mehrmals ebenfalls ›Hallo?‹ rief. Dann hörte ich noch mit Unterbrechungen: ›Dreh um … hilf mir … geh nicht …!‹ ›Wer ist da?‹, brüllte ich, zu dem Zeitpunkt bereits total verängstigt, ins Telefon, doch nach einem letzten ›Hallo? … hilf mir!‹ wurde die Verbindung unterbrochen. Ich warf das Gerät in die Tasche, kramte mit vor Panik flatternden Händen nach dem Autoschlüssel und marschierte dann eilig auf mein Auto zu. Aber noch bevor ich den Pkw erreicht hatte, griff plötzlich etwas rechts von mir nach meinen Fingern und umschloss diese vorsichtig – es fühlte sich an, als würde sich eine kleine, kühle, unsichtbare Hand, wie die eines Kindes, an mir festhalten. Ich begann zu laufen, entriegelte das Fahrzeug, sprang hinein und schloss hinter mir ab. Das an mir festgeklammerte Wesen hatte ich offensichtlich abgeschüttelt, denn ich spürte keinen Druck mehr an meinen Fingern. Zitternd hockte ich auf dem Sitz und versuchte mir selbst zu erklären, was da passiert war. Zögernd holte ich mein Handy aus der Tasche und sah mir die Anrufliste an. Der letzte Anruf tauchte nicht darin auf, so, als hätte es ihn nie gegeben. Ich startete das Auto und fuhr nach Bad Reichenhall in meine Unterkunft zurück.

Ich wirkte bei meiner Ankunft offenbar sehr verstört, da mich die junge Frau am Empfang fragte, ob es mir nicht gut ginge, als ich den Zimmerschlüssel abholte. Nach kurzem Zögern fasste ich mein Erlebnis in wenige Worte zusammen und bat sie abschließend, mich nicht für verrückt zu halten. Barbara, so hieß die Rezeptionistin, war blass geworden und berichtete mir flüsternd von der Legende über den im Torhaus eingemauerten Knaben. Ich erinnerte mich daran, dass ich dort meine Hände auf die alten Steine gelegt hatte, und erschauerte.

Nachdenklich ging ich auf mein Zimmer und rief meinen Freund an, der mich beruhigte und meinte, dass ich mich aufgrund der durch den Nebel hervorgerufenen gruseligen Atmosphäre bei dem Gemäuer in etwas hineingesteigert hatte. Ich argumentierte, dass ich mich auf meine

Sinne verlassen konnte und überhaupt nicht dazu neigte, in gewissen Situationen überzureagieren, dass das Läuten des Telefons, ebenso wie die nach mir greifende kleine Hand, absolut real gewesen war. Doch mein Partner glaubte mir nicht.

Ich kann leider nichts beweisen, aber ich habe mir das, was bei der Burg passiert ist, nicht eingebildet … Es ist wirklich geschehen.«

Salzburger Becken: Untersberg

Die verschwundenen sieben Stunden und Frau Pegius

Seit ewigen Zeiten ranken sich um den Untersberg allerlei Sagen und Legenden, und immer schon haben die Menschen in der Gegend rund um den »Wunderberg«, »heiligen Berg« oder »magischen Berg« rätselhafte und unheimliche Dinge über ihn zu berichten gewusst – daher zählt diese Erhebung am Rande des Salzburger Beckens zu den mystischsten Regionen in ganz Österreich.

Der Untersberg, der sich mit einer Grundfläche von etwa 70 Quadratkilometer an der Grenze zwischen Österreich

und Deutschland befindet, zählt zu den Nördlichen Kalk-
alpen. Die Hauptgipfel des Bergmassivs sind mit 1.973 Meter
Seehöhe der Berchtesgadener und der Salzburger Hoch-
thron, sonst bildet es ein ausgeprägtes Gipfelplateau.

Seinen Namen erhielt der Untersberg vermutlich von
österreichischer Seite, worauf auch die Ersterwähnung in
einer Urkunde des Salzburger Erzbischofs Konrad IV. von
Salzburg im Juni des Jahres 1306 als »Vndarnsperch« hindeutet. Andererseits könnte die Bezeichnung vom bayerischen »Untarn« oder »Untern« stammen, was so viel wie
»Mittag« bedeutet. Tatsächlich ist das Massiv am Alpenrand
einer der zahlreichen Mittagsberge, da von Salzburg aus
gesehen die Sonne gegen 12 Uhr genau über dem Untersberg steht, weshalb die Erhebung auch als »Berg des Lichts«
bezeichnet wird. Wanderer wiederum sagen: Der Untersberg ist deshalb ein Mittagsberg, weil man, egal von welcher
Richtung aus man ihn besteigt, meist gegen Mittag dort ist,
wenn die Sonne am intensivsten strahlt.

Das Gebiet in Österreich, etwa 4,4 Quadratkilometer der
Erhöhung, wurde 1981 größtenteils unter Landschafts- und
Pflanzenschutz gestellt, heute liegt in seiner Mitte ein Natur-
park. Der Untersberg verfügt außerdem über zahlreiche
Wanderrouten, beispielsweise von Großgmain zu den verfallenen Vierkaser-Almen in einer Höhe von 1.590 Meter. Es
gibt außerdem mehrere Raststationen, wie beispielsweise
das Zeppezauerhaus auf der österreichischen Seite oder die
Toni-Lenz-Hütte nahe der Schellenberger Eishöhle auf der
deutschen Seite. Bei dieser Grotte mit einer Maximaltiefe
von 55 Meter unter der Erde und einem Eisvolumen von

rund 60.000 Kubikmeter, die 1826 erstmals schriftlich erwähnt und ab 1874 erforscht wurde, handelt es sich um die einzige erschlossene Eishöhle Deutschlands, die seit 1925 als Schauhöhle geführt wird.

Beim Untersberg befindet sich am Nordausläufer in Großgmain außerdem eines der bedeutendsten Bauernhofmuseen (Salzburger Freilichtmuseum) des Ostalpenraums. Nicht weit davon entfernt, unterhalb des bereits seit der Römerzeit genutzten Steinbruchs mit Untersberger Marmor, liegt das Untersbergmuseum, das eine Kugelmühle (Gerät zur Grob-, Fein- und Feinstzerkleinerung oder Homogenisierung von Mahlgut) beheimatet. Des Weiteren kann man in dieser Gegend inmitten eines weitläufigen Parks das herrschaftliche Schloss Glanegg, das erstmals 1350 urkundlich erwähnt wurde, besichtigen sowie den dazugehörigen imposanten Meierhof samt Turmgefängnis aus dem 15. Jahrhundert besuchen, das auf einem vorgelagerten Hügel beim Dorf Fürstenbrunn steht. In dem winzigen Ort gibt es eine Quellhöhle, die seit 1875 die Stadt Salzburg mit Wasser aus dem Dachsteinkalk des Untersbergs versorgt und noch nicht in ihrer vollen Länge erforscht ist. Sie entwässert möglicherweise auch die 1.059 Meter tiefe und über 18 Kilometer lange Schachthöhle Riesending, die tiefste und zugleich längste bekannte Höhle Deutschlands, die im Jahr 1995 entdeckt wurde.

In einer der zahlreichen Legenden, die über den Untersberg existieren, heißt es, dass der im Jahr 1118 von den beiden Kreuzrittern Hugo von Payns und Gottfried von Saint Omar gegründete Orden der Tempelritter im Untersberg eine Komturei errichtet hätte und dort auch eine Erscheinung der »Göttin« Isais gesichtet worden sein soll.

Im Jahr 1220 war ein deutscher Komtur (Leiter einer Ordens-niederlassung) der Templer namens Hubertus Koch mit einer kleinen Gruppe auf der Heimreise von den Kreuzzügen, als ihm in Mesopotamien (heute Irak) in einer Vision die Göttin Isais erschien. Sie wies ihn an, mit seinen Gefährten zum Berg des Schicksals im Abendland zu ziehen, dort an einem Hang ein Haus zu errichten und fünf Jahre lang auf ihr erneutes Erscheinen zu warten. Koch wusste, welche Erhebung Isais meinte, da ihm bekannt war, dass der Untersberg schon in frü-hester Zeit als Sitz der Götter und als Schicksalsberg bezeichnet wurde. Außerdem berichtete bereits Jesus von dem Berg und von einem dort lebenden Volk, dem er Macht geben würde.
Ein Jahr später erreichte Koch mit seiner Gruppe den Unters-berg und errichtete an seinem Fuße die erste Komturei (ober-halb von Marktschellenberg in Deutschland, wo heute die Wallfahrtskirche Maria Ettenberg steht) in Form eines einzel-nen Hauses. Ein zweites Gebäude wurde um 1230 noch weiter oben am Hang errichtet, von dem angeblich ein Gang durch den Berg zum ersten Bau führte. In einer der Höhlen dieser Verbindung soll auch der Isais-Tempel eingerichtet worden sein.
Wie angekündigt, tauchte die »Göttin« (eigentlich wird angenommen, dass es sich bei Isais eher um ein außerirdisches Wesen oder Gespenst handelt, das durch einen der Zeittunnel im Untersberg gekommen war) fünf Jahre später, also 1226,

auf und blieb zwölf Jahre bei den Tempelrittern am Untersberg. In dieser Zeit wurde auch der Heilige Gral an die Männer übergeben. Dabei handelt es sich eventuell um ein Gefäß, aus dem Jesus beim letzten Abendmahl trank und in dem auch sein Blut aufgefangen wurde, als er am Kreuz hing. Es könnte damit aber auch immateriell »das höchste Wissen« bezeichnet werden. Am ehesten jedoch handelt es sich beim Heiligen Gral als »Stein der Weisen« um einen Kristall (einige Quellen sprechen von einem schwarz-violetten Exemplar, das zu einer Hälfte aus Rauchquarz und zur anderen Hälfte aus Amethyst besteht), der in Verbindung steht mit dem Wissen über diese Welt. Außerdem erhielten die Tempelritter zum selben Zeitpunkt auch eine »Isais-Offenbarung«.

Der Gral, so wurde den Templern gesagt, würde die Welt verändern – sichtbar wie unsichtbar. Die letzten vier Männer brachten nach der Ausrottung des Ordens ihr »Heiligstes« an einen sicheren Ort, vermutlich irgendwo in die Pyrenäen. Erst am Anfang des 16. Jahrhunderts taucht wieder der Name »Gral« auf, danach erneut in den 1930er-Jahren.

In den Gralsmythen laufen verschiedene Traditionen zusammen, es handelt sich um eine Mischung aus keltischen, christlichen und orientalischen Sagen.

Bei der wohl bekanntesten Legende über den magischen Gegenstand handelt es sich um die Artussage, die zeitlich ins 5. Jahrhundert n. Chr. einzuordnen ist und in Nordfrankreich entstand, wo gallisch-keltische, romanische, fränkische und normannische Bevölkerungsgruppen aufeinandertrafen und ihre Traditionen verschmolzen.

Bis heute sind verschiedenste Geheimgruppierungen hinter dem Kristall her und wollen ihn in ihren Besitz bringen, um noch mächtiger zu werden.

Den »Stein der Weisen« ebenfalls gesucht und angeblich tatsächlich auch gefunden haben Alexander der Große (356 – 323 v. Chr.), und zwar »in einem Lande, wohin nie ein Christenmensch gekommen ist«, und Friedrich I. Barbarossa (1122 – 1190) im Heiligen Land, wobei er bei der Rückkehr aus selbigem angeblich vom Pferd fiel und im Fluss Saleph ertrank.

Sehr intensiv mit dem Mythos des Grals und der Suche danach beschäftigt hat sich auch der deutsche Schriftsteller, »Arisoph« und SS-Obersturmführer Otto Wilhelm Rahn, der zu Forschungszwecken per Bahn und zu Fuß durch Europa reiste. Vor der geplanten Veröffentlichung seines dritten Buches über den Gral kam er 1939 auf dem Eiberg bei Söll in Tirol unter mysteriösen Umständen ums Leben. Es wird vermutet, dass er sich umgebracht hat, da er wegen seiner homosexuellen Neigung bei Reichsführer-SS Heinrich Himmler in Ungnade gefallen und vor die Wahl gestellt worden war, im KZ zu verenden oder selbst einen »anständigen« Tod zu inszenieren. Etliche Verschwörungstheoretiker glauben jedoch bis heute, dass Rahn ermordet wurde, weil er zu viel über den Gral herausgefunden hatte und das Geheimnis um den Kelch oder Stein in seinem dritten Buch (dessen Manuskript niemals aufgetaucht ist) lüften wollte.

Darüber hinaus ist es eine Tatsache, dass auch Adolf Hitler vom »Wunderberg« und der Suche nach dem Gral besessen war. Er hatte sich ab dem Jahr 1928 im »Berghof« eingemietet – das Haus befand sich in Berchtesgaden (Deutschland) auf dem Obersalzberg, der dem Untersberg gegenüberliegt. Hitler war zu dieser Zeit stark beeinflusst von einigen Spiritisten sowie Esoterikern und glaubte offensichtlich unter anderem auch an die Legende vom Gral. Vermutlich hoffte er, bei seinen Aufenthalten in der Region Informationen über den Verbleib des Steins zu erhalten oder ihn gar selbst zu finden, um Macht zu erlangen. Vielleicht spekulierte Hitler auch damit, dass erneut die »Göttin« Isais auftauchen, ihn zum »auserwählten Tempelritter« ernennen und ihm den Gral als Zeichen ihres Vertrauens in seine Qualitäten als Führer überreichen würde. Hitler geriet mit der Zeit mehr und mehr in den Bann des Untersbergs und glaubte an so manche Legende. So sagte er beispielsweise am Abend des 4. Februars 1942 zu Reichsführer-SS Heinrich Himmler, dass es sich bei Karl dem Großen um einen der größten Menschen der Weltgeschichte handle, er sich für einen geistigen Nachfahren des Kaisers halte und deshalb so gern in seiner Nähe weile.

Wir schreiben das Jahr 1917, der Erste Weltkrieg neigt sich dem Ende zu. Der Schauplatz ist ein kleines Kaffeehaus in Wien. In einer Seitenloge des Lokals, in dem es nach starkem Espresso und Zigarrenqualm riecht, sitzen an einem runden Tischchen vier Männer und eine Frau, die ihre Köpfe zusammenstecken und miteinander tuscheln. Draußen beginnt es bereits zu dämmern, Regen setzt ein, während immer mehr Leute das Kaffeehaus betreten und sich um einen Platz bemü-

hen. Die Frau blickt sich ein wenig skeptisch um und mustert die neu angekommenen Gäste, bevor sie sich mit verschwörerischer Miene erneut ihren Gesprächspartnern zuwendet. Während die fünf Personen ein Geheimnis teilen und Einzelheiten ihrer gemeinsamen Mission besprechen, beginnen dicke Regentropfen an die großen Fenster des Lokals zu prasseln … ein Sturm kommt auf.

Bei den Leuten am Tisch handelt es sich um das Medium Maria Orschitsch aus Zagreb, die beiden deutschen Esoteriker und Abenteurer Karl Haushofer und Rudolf von Sebottendorf, den Piloten und Ingenieur Lothar Waiz und Prälat Gernot, welcher der geheimen »Erbengemeinschaft der Tempelritter« angehört. Während sich die anderen Besucher des Lokals ihren Kaffee und die traditionelle Sachertorte schmecken lassen, diskutieren die Fünf über den Gral, Atlantis und das Wasserkrugzeitalter sowie über viele andere esoterische oder verschwörungstheoretische Themen.

Es wäre möglich, dass genau an diesem Tag im Jahr 1917, in diesem kleinen Kaffeehaus in Wien, die Idee zur Bildung der Thule-Gesellschaft entstand, die von Rudolf von Sebottendorf geleitet wurde und um 1919 schon rund 200 Mitglieder zählte.

Benannt wurde die Organisation nach der in der griechischen Mythologie erwähnten Insel Thule, die von dem antiken griechischen Entdecker Pytheas aus Massilia (Marseille) im 4. Jahrhundert v. Chr. beschrieben wurde. Handelte es sich bei der Thule-Gesellschaft der theoretischen Ursprungsidee nach um eine spiritistische und esoterisch angehauchte

Bewegung, entpuppte sie sich in der Praxis jedoch von Anfang an als antisemitische Organisation, die sich 1925 wieder auflöste. Seit einigen Jahren stellen die spiritistischen Ansätze der Thule-Gesellschaft wieder Anknüpfungspunkt für diverse Verschwörungstheoretiker dar, von denen einige wissen wollen, dass es immer noch Mitglieder gibt, die sich zu einem Geheimbund zusammengeschlossen haben und im Verborgenen wirken.

Hitler kam mit den Ideen dieser Organisation in den 1920er-Jahren in Kontakt. Zuerst war er ein Mitglied und später Führer der Nationalsozialistischen Arbeiterpartei, die sich aus der Thule-Gesellschaft entwickelt hatte.

Etwas später soll sich in Deutschland die Vril-Gesellschaft entwickelt haben, für deren Existenz es allerdings keinerlei Beweise gibt. Angeblich handelte es sich dabei um eine Geheimgesellschaft, die eine friedliche spirituelle Entwicklung in Europa und auf der ganzen Welt anstrebte. Auch diese Organisation war angeblich am Aufstieg des Nationalsozialismus beteiligt und hätte sogar übernatürliche Kräfte dazu benutzt, »nützliche« Kriegsgerätschaften zu erfinden. So soll sie beispielsweise innovative Fluggeräte entwickelt haben – die »Reichsflugscheiben«, auch Düsendiskus, Kugelblitz, Andromeda-Gerät, Projekt »Die Glocke«, Flugkreisel oder Kugelwaffe genannt, ein fiktives untertassenförmiges Flug- und Raumfahrzeug, das in Verschwörungstheorien, Mythen, Science-Fiction-Filmen und Comics als »Nazi-Technologie« auftaucht.

Die Vril-Gesellschaft löste sich offiziell im Jahr 1933 auf und existierte unter dem Namen Isais-Bund weiter, dem auch Hitler angehört haben soll. 1941 wurde die Organisation allerdings verboten.

In dem Jahr, in dem der Isais-Bund entstand, also 1933, kaufte der Diktator den Berghof am Obersalzberg um 40.000 Goldmark – es handelte sich dabei um Gelder aus den Tantiemen für sein 1925 erschienenes Buch »Mein Kampf«. Das Gebäude, das über ein großes, versenkbares Fenster mit Blick auf den Untersberg verfügte, wurde als »kleine Reichskanzlei« geführt und entwickelte sich ab 1937 als zweiter Regierungssitz zu einem zentralen Ort der Macht im nationalsozialistischen Deutschen Reich. 1941 schwärmte Hitler zwar immer noch von der Besonderheit des Untersberges, allerdings dürfte er zu dieser Zeit nicht mehr an die Auffindung des Grals geglaubt haben – das behaupten zumindest Zeitzeugen. Ist es Zufall, dass in diesem Jahr der Isais-Bund verboten wurde?

Immer wieder kamen internationale Diplomaten und Politiker zu Verhandlungen in den Berghof, um dort wichtige Entscheidungen zu treffen. In der ersten Hälfte des Jahres 1944 diente das Haus als Führerhauptquartier. Nach schweren Beschädigungen kurz vor Kriegsende durch alliierte Luftangriffe und durch die SS ließ der Freistaat Bayern das Gebäude 1952 sprengen.

Wo sich der Gral, sollte er tatsächlich jemals existiert haben, heute befindet, ist und bleibt ein Rätsel. Dass er in einer Höhle im Untersberg verborgen ist, so lautet die gängigste Annahme. Eine andere Theorie besagt, er wäre längst aufgetaucht und im Besitz eines Geheimbundes.

In der Gegend rund um den Untersberg wird auch berichtet, dass in den »Wunderberg« schon viele Menschen hineingegangen, aber nie wieder herausgekommen seien. Sie sollen in Zeittunnel geraten und in eine andere Dimension verschwunden sein oder auch in der Unterwelt weiterleben (hier handelt es sich um das literarisch-mythologische Motiv der »Bergentrückung«, das sich in unterschiedlicher Ausprägung in verschiedenen Kulturen findet). Zurückzuführen ist diese Geschichte vermutlich auf die Tatsache, dass der Untersberg von einem gigantischen, noch lange nicht vollständig erforschten Höhlensystem durchzogen ist, das die Fantasie der Menschen anregt.

Eine weitere Legende handelt von Kaiser Karl dem Gro-ßen (747 – 814), der im Untersberg auf seine Auferstehung wartet. Alle hundert Jahre wacht er angeblich auf, und wenn er sieht, dass immer noch Raben um den Berg kreisen, schläft er ein weiteres Jahrhundert. Andere Quellen behaupten, es wäre Friedrich I., auch Barbarossa genannt, der in den Tiefen des Alpenmassivs auf seinen Wiedereintritt in die Gesellschaft wartet.

Der Bart von Barbarossa wächst angeblich um einen runden Tisch, bisher zwei Mal, und wenn er die dritte Runde voll-endet hat, soll das Ende der Welt beginnen. Die letzte Schlacht der Menschheit würde dann auf dem Salzburger Walserfeld stattfinden, wo es bereits im Dezember 1800 kriegerische Auseinandersetzungen gab. Es handelte sich dabei um die Schlacht bei Salzburg im Zweiten Koalitions-krieg (Ersten Napoleonischen Krieg) zwischen der Hauptarmee von Erzherzog Johann und französischen Truppen unter Napoleon. Die Verluste innerhalb von drei Gefechtstagen werden auf französischer Seite mit über 10.000 Mann, auf österreichischer Seite mit über 12.000 Mann angegeben. Den im Krieg Gefallenen zu Ehren wurde auf dem Walserfeld ein Denkmal errichtet.

Ein weiterer Mythos ist die »Wilde Jagd« vom Untersberg, wobei Himmelsphänomene und das Wetter über dem Berg als Jagdgesellschaft übernatürlicher Wesen gedeutet wurden. Tatsächlich gilt das Alpenmassiv dank seiner exponierten Lage am Alpenrand als Wetteranzeiger. Zu den typischen Gestalten des Perchtenbrauchtums in den Raunächten (je nach Region bis zu zwölf Nächte um den Jahreswechsel) zählen Vorpercht, Baumpercht, Tod, Rabe, Hexe, Bär und Bärentreiber, Moosweiberl, Riese Abfalter, Hahnengickerl, Habergeiß und Saurüssel.

Darüber hinaus ist in den uralten Überlieferungen die Rede von mächtigen unterirdischen Hallen im Untersberg, aus denen zwölf Geistergänge hinaus ins Freie führen. Auch von geheimen Felsentoren wird berichtet, außerdem von zwergenähnlichen Gestalten (»Untersberger Mandln«), den Urbewohnern des Berges, die schon seit ewigen Zeiten dort hausen, den schlafenden Kaiser Karl oder Friedrich Barbarossa versorgen und den Schatz, der in den Höhlen lagert, bewachen.

Die Wälder des Berges wiederum bevölkern angeblich Riesen und Wildfrauen, die all jene mit Schätzen beschenken, die sich in ihrem Sinne für die Natur einsetzen oder ihnen anderweitige Dienste leisten.

Außerdem werden von manchen Leuten geheime Felsentore erwähnt. Einer dieser verborgenen Zugänge befindet sich in Form einer eisernen Tür angeblich in der Nähe von Hallthurm, einer längst verfallenen Festung an der Straße von Berchtesgaden nach Reichenhall. Durch diese Tore, so heißt es, können Menschen in das Zwergenreich im Untersberg eindringen und werden dort reich beschenkt. Bei der Rückkehr in die Oberwelt erkennen sie, dass viele Jahre vergangen sind (Feenreich-Motiv). Geologen bestätigen eine sogenannte Verwerfungszone in der Mittagsscharte des Berges, die sich auf die Zeitqualität auswirken kann. Ein namentlich dokumentierter Fall dieses Dimensionssprungs betrifft den 1979 verstorbenen Zahnarzt Dr. Eugen Köberle, der von einem solchen Phänomen berichtete.

Der 69-jährige Hermann Polt, ein agiler Pensionist, leidenschaftlicher Alpinist und unerbittlicher Realist, erzählte mir, was er trotz seiner Skepsis übersinnliche Phänomene betreffend im August 2006 am Untersberg erlebt hat:

»Ich hielt mich an einem Samstagvormittag wieder einmal in der Gegend um den Untersberg auf, um Vögel zu beobachten – das ist eine meiner Lieblingsbeschäftigungen. Stundenlang marschiere ich dann mit meinem Fernglas durch die Landschaft und erfreue mich an der Artenvielfalt unserer gefiederten Freunde. Zusätzlich führe ich stets ein Büchlein mit mir, in dem alle Wald- und Wiesenblumen samt den in unseren Breiten wild wachsenden Kräutern aufgeführt sind, um die Pflanzen zuordnen zu können, die am Wegesrand blühen. Ich genieße meine leider immer seltener stattfindenden Ausflüge in die Natur sehr – leider kann ich nicht mehr, wie ich will, da ich ein kaputtes Knie habe.

Doch im Jahr 2006 hatte ich dieses Problem noch nicht und genoss den wunderschönen Sommertag am Untersberg. Die Luft war angenehm, ein paar harmlose Schleierwolken zogen über den Himmel und verdeckten die Sonne, sodass es selbst um die Mittagszeit nicht allzu heiß werden würde. Ich genoss die Naturgeräusche und den Geruch nach Wildkräutern, während ich durch eine Wiese stapfte.

Wenig später kam ich beim Berg an und griff nach meinem Fernglas, als ich lautes Gezwitscher aus der Krone eines Baumes neben mir hörte. Als ich einen Schritt nach hinten machte, spürte ich im selben Moment, wie der Untergrund weich wurde. Zu Boden blickend bemerkte ich, dass ich in einer Schlammlacke stand. Ich trat zur Seite, geriet dabei aber ins Rutschen und stützte mich mit einer Hand an einem Felsen ab, um nicht hinzufallen. Dann drehte ich mich um und erblickte den Eingang zu einer kleinen Höhle vor mir. Neugierig bückte ich mich und versuchte, in der Finsternis im Inneren der Grotte etwas zu erkennen, was mir jedoch nicht gelang – ich sah nur undurchdringliche Schwärze.

Da ich von Natur aus nicht nur neugierig, sondern durchaus auch abenteuerlustig bin – in meiner Jugend galt ich bei den Mädchen sogar als wagemutig, bei meiner Mutter eher als leichtsinnig –, warf ich meinen Wanderrucksack in die Wiese und kroch dann nach kurzem Zögern auf allen

Vieren in die Vertiefung hinein. Meine Hände und Knie gruben sich dabei in den kühlen Matsch, während von oben etwas in gleichmäßigen Abständen auf mich herabtropfte. Es roch penetrant nach Moder und ich fror erbärmlich. Da ich keine Lampe besaß, war ich nach den wenigen Minuten, die ich mich in der Höhle in völliger Dunkelheit vorwärtsbewegt hatte, auch nicht schlauer. So beschloss ich umzukehren, mich den Rest des Tages an den angenehmen Temperaturen im Freien zu erfreuen und den Duft der Blumen zu genießen. Ich drehte mich also einmal um mich selbst und robbte auf das helle Licht vor dem Eingang der Höhle zu. Endlich rutschte ich auf dem nassen Erdreich aus dem Felsloch und erhob mich, streckte meine steifen Glieder und war froh, wieder aufrecht stehen zu können.

Ich pflückte ein paar große Blätter ab und säuberte damit notdürftig meine Hände, bevor ich zu meinem Rucksack ging, um die Wasserflasche herauszunehmen. Als ich den Verschluss aufdrehte, fiel mein Blick auf meine Armbanduhr – sie zeigte auf 17 Uhr 50. Das konnte unmöglich sein, da ich gegen 11 Uhr die Höhle betreten hatte. Ich begann verwirrt noch einmal nachzudenken und zu rechnen: Um 9 Uhr war ich von zu Hause losgegangen und um etwa 10 Uhr beim Untersberg angekommen. Danach hatte ich die Wiese durchquert und dabei ein paar Pflanzen in meinem Büchlein nachgeschlagen. Es konnte dann aber allerhöchstens eine Stunde vergangen sein, bevor ich in den Berg gekrochen war. In der Höhle hatte ich maximal zehn Minuten zugebracht. Ich wusste also, dass etwas nicht stimmte. Meine Uhr allerdings ging richtig, sie hat auch getickt.

Ich bin also zurückmarschiert und zum Wirtshaus im nächsten Ort gegangen – wofür ich etwa eine halbe Stunde benötigte –, da zeigte die Uhr in der Gaststube 18 Uhr 22. Ein kurzer Blick auf meine Armbanduhr bestätigte diese Zeitangabe.

Nachdem ich mir ein Vierterl Weißwein bestellt hatte, beschloss ich, mein Erlebnis nicht für mich zu behalten, und erzählte dem Fremden hinter dem Tresen von dem Vorkommnis am Untersberg. ›Welche Höhle meinst du?‹, fragte mich der Mann. Ich erklärte ihm den Weg, den ich genommen hatte, woraufhin er lächelte und meinte: ›Das ist die Zeitluck'n, die frisst sieben Stunden!‹ Das kommt hin, hab ich mir gedacht, meinen Wein ausgetrunken und mich auf den Heimweg gemacht.

Ich bin nie wieder irgendwo reingekraxelt, schon gar nicht in den Untersberg!«

Außerdem gibt es im Zusammenhang mit den Höhlen im Untersberg auch das sogenannte »Spiegelwelt-Motiv«, wonach es Gestalten gibt, die auf beiden Ebenen leben – im Berg wie auch an der Erdoberfläche. Es heißt auch, dass die »Untersbergler« regelmäßig zu mitternächtlicher Stunde in einer der im Umland befindlichen Kirchen Gottesdienst feiern. Andere Quellen berichten, dass die »Untersberger Mandln« einige Male im Jahr um Mitternacht in die Salzburger Domkirche beten gehen.

Einige der Sagen rund um den Untersberg existieren bereits in der Lazarusgeschichte – es handelt sich dabei um die

Erzählung der wundersamen Erlebnisse des Reichenhaller Stadtschreibergehilfen Lazarus Gitschner, die vermutlich von einem namentlich unbekannten Geistlichen des Augustiner Chorherrenstifts St. Zeno bei Reichenhall um 1558 verfasst wurde.

Einzelne Motive des Schreibers stammen ursprünglich unter anderem aus den Visionen der Mechthild von Magdeburg, die im 13. Jahrhundert aufgezeichnet wurden, außerdem aus der geheimen Offenbarung des Evangelisten Johannes. Der anonyme Autor schuf mit der Lazarusgeschichte eine zu seiner Zeit moderne Apokalypse – typisch für die Endzeitstimmung in der Reformationszeit.

Auch mit einem Hexenprozess steht der Untersberg in Zusammenhang: Im Jahr 1581 beschrieb ein Jurist, Autor, Astronom und Mathematiker namens Dr. Martin Pegius (auch Pegger genannt), geboren vermutlich um 1523, wohnhaft in der Stadt Salzburg, den »Wunderberg« und was sich dort alles zutrug. Überliefert ist dieser Text in den »Salzburgerischen Chroniken« von Dr. Johann Baptist Fickler (1533 – 1610), einem deutschen kurfürstlichen Hofrat, Juristen und Autor, der vor seiner Übersiedlung nach Bayern 28 Jahre lang in salzburgischen Diensten stand.

Pegius selbst verfasste recht eigenartig anmutende Werke, beispielsweise »Juristische Ergötzlichkeiten vom Hunderecht und den darbey vorkommenden Fällen«, und in einer Abhandlung über Heiratsgüter heißt es: »Wie ein zerludelt Joch auf dem Haubt der Ochsen, also ist ein schalkhaftig Weib; der sie erwüscht, der erwüscht einen Scorpion.«

Unter anderem vertrat Pegius die Meinung, dass das Volk das Recht, nach dem es gerichtet wird, auch verstehen sollte – eine Anschauung, die ihm Hohn und Spott einbrachte, ihn teilweise sogar zum Feindbild so manches Berufskollegen werden ließ.

In seiner Erzählung über den Untersberg berichtet der Gelehrte von Gold und Edelsteinen, Bergmännlein und schönen Bergfrauen mit goldenen Kronen auf den Häuptern und von der persischen Königin Saba (»so zweifelsohne der leidige Teufel gewest«), die in sein Haus in Salzburg am Fischmarkt (dieser befand sich im Mittelalter bis 1599 am heutigen Rathausplatz innerhalb des Trenktores, dort befanden sich um den Brunnen rund zehn Stände, auf denen unter anderem Stockfische angeboten wurden) gekommen sei. Sie habe seine Gattin gebeten, drei Jahre lang mit ihr im Berg zu leben, und versprach ihr, dafür großzügig beschenkt zu werden. Frau Pegius hatte laut ihrem Ehemann zwar nicht eingewilligt, war aber dennoch mitgegangen, um sich das Reich der »Untersbergler« einmal anzusehen. Sie begegnete dort neben der Frau Venus unter anderen auch der Tochter von Herodes, der Königin von Sodom und Gomorrha und dem Sohn des römischen Kaiser Augustus, der Frau Pegius am 8. April 1581 gemeinsam mit Königin Saba zu Hause besucht habe. Der Gelehrte schrieb außerdem über eine Prophezeiung, laut der ein »Astronom namens Martinus« die im Untersberg gefangenen Seelen durch innige Fürbitte befreien könne.

Pegius verfasste außerdem Schriften über die Geheimnisse der Erde, wie man beispielsweise Gegenwärtiges und

Künftiges sähe und wie man zu einem Geist käme, den man zu vielen Dingen gebrauchen könnte.

Am 15. Februar 1582 wurde der Gelehrte aufgrund seiner schriftlichen Behauptung, dass seine Gattin im Untersberg bei den Bergmännlein und Bergfrauen gewesen sei, verhaftet. Und es hieß, *ein Unhold, der kurz zuvor des Hexenwerks verprennt worden*, ein Bekannter der Familie Pegius, habe unter Folter angegeben, dass auch die Gattin des Juristen mit dem teuflischen Laster infiziert wäre.

Der Romanist Fickler, dem Pegius' humanistische Weltanschauung nicht gepasst hat, war damals vermutlich ebenfalls an der Diskreditierung des Kontrahenten – der allein schon aufgrund der Tatsache, dass er die Sprachen Griechisch und Hebräisch beherrschte, als suspekt galt – beteiligt, ebenso wie andere, auf die literarischen Erfolge des Gelehrten neidische Kollegen.

Frau Pegius machte sich weiter verdächtig, als sie, nachdem sie unmittelbar nach der Festnahme ihres Gemahls von zwei Räten in ihrer Wohnung aufgesucht und zur Kontrolle ihrer Fähigkeiten nach dem Befinden ihres Gatten gefragt worden war, mit einer Kreide Zahlen auf eine Tafel malte, diese studierte und dann aufschrie: »Mein Mann ist gefangen!« Daraufhin verkündeten die beiden Männer, dass nun auch sie laut behördlichem Auftrag verhaftet wäre.

Man beschuldigte das Ehepaar der Hexerei und inhaftierte beide auf der Festung Hohensalzburg. Im Frühjahr 1592 verstarb Frau Pegius nach zehn Jahren im Kerker, im Sommer desselben Jahres auch ihr Gatte. Das Vermögen der Eheleute ging an den Neffen Zacharias Krautwadel. Dr. Martin

Pegius wurde in der Margarethenkapelle bei St. Peter bestattet, seine Frau bei St. Sebastian in Salzburg, jedoch außerhalb des Friedhofs.

Die Geschwister Veronika, 32, und Magda, 35, die gemeinsam einen Blumenladen in Innsbruck betreiben, erlebten beim Besuch ihres 27-jährigen Bruders in der Stadt Salzburg sowohl in dessen Haus in der Sigmund-Haffner-Gasse als auch am Untersberg ein merkwürdiges Phänomen.
Magda, die im Gegensatz zu ihrer Schwester offen ist für geisterhafte Erfahrungen ist, erzählte mir von den Begebenheiten im November 2011:

»Veronika und ich waren zu Alfred nach Salzburg gefahren, weil er seinen 27. Geburtstag feierte, und dabei durften wir natürlich nicht fehlen. Wir hatten neben einem prall gefüllten Koffer auch eine neue Digitalkamera für unseren Bruder im Gepäck. Er hatte sich dieses Gerät gewünscht und bekam es nun von Veronika und mir sowie unseren Eltern zum Geburtstag geschenkt. Wir wollten das gesamte Wochenende bei Alfred verbringen, in Salzburg bummeln gehen und einen Ausflug in die nähere Umgebung unternehmen, und freuten uns auf die gemeinsame Zeit.

Doch bereits in der ersten Nacht in der großen und geräumigen Wohnung, die wir zum ersten Mal sahen, fühlten sich meine Schwester und ich nicht wohl. In dem Gästezimmer, das wir zu zweit bewohnten, schien die Luft irgendwie klamm zu sein, obwohl das Thermometer 23 Grad Celsius anzeigte. Als ich unseren Bruder darauf hinwies, sah er mich zuerst ungläubig an, kontrollierte die Temperatur in dem Zimmer, schüttelte dann verständnislos den Kopf und murmelte: ›Dass euch Frauen immer kalt ist … versteh ich nicht … 23 Grad … da lauf ich nackt herum und schwitze noch …‹ Tatsächlich froren Veronika und ich in dem Raum erbärmlich, was wir uns selbst nicht erklären konnten. Um das Problem zu umgehen, hielten wir uns tagsüber die meiste Zeit im Wohnzimmer auf, in dem es laut Thermometer zwar auch nur rund 22,5 Grad hatte, wir die Atmosphäre aber als wesentlich wärmer und gemütlicher empfanden.

In der zweiten Nacht wachte ich gegen 4 Uhr morgens auf, da ich vor Kälte zitterte, obwohl ich mich in zwei Decken gewickelt hatte. Zähneklappernd stand ich auf und blickte auf die Temperaturanzeige des Thermometers: 23,2! Das konnte doch nicht stimmen! Veronika rührte sich nicht, daher öffnete ich so leise ich konnte die Tür, schlich auf Zehenspitzen ins warme Wohnzimmer und legte mich auf die Couch, wo ich innerhalb weniger Minuten einschlief.

Am nächsten Morgen erschien meine Schwester mit verbissenem Gesicht am Frühstückstisch. Sie war beleidigt, weil ich sie ›alleine in dem Eiskasten liegen gelassen hatte‹, berichtete außerdem über einen scheußlichen Traum: ›Da war eine große, hübsche Frau, die mich zum Untersberg geschickt hat. Wir würden es nicht bereuen!‹

Ich lachte über Veronikas grimmige Miene und schlug ihr vor, genau das zu tun, weil ich sofort fasziniert war von diesem im wahrsten Sinne des Wortes traumhaften Tipp. Außerdem wollten wir sowieso einen Ausflug unternehmen, warum also nicht zum sagenhaften Untersberg?

Noch am selben Tag stiegen wir ins Auto und machten uns auf die etwa halbstündige Fahrt – Alfred blieb zu Hause, weil er noch etwas zu erledigen hatte. Am Abend würden wir dann mit seinen Freunden den Geburtstag unseres Bruders feiern.

Am Ziel angekommen, stiegen wir anfangs noch fröhlich aus dem Auto, doch nach zwanzig Minuten Aufenthalt in der Kälte wurde Veronika mürrisch und wollte zurückfahren. Ich war allerdings vollkommen fasziniert von der seltsamen Energie, die in der Nähe des Untersberges herrschte, und lief aufgeregt hin und her. Außerdem spürte ich, dass etwas in der Luft lag, dass etwas passieren würde. Und so war es dann auch.

Etwa fünf Minuten später tauchte eine Frau wie aus dem Nichts auf und kam auf uns zu. Veronika fragte mich, wo diese Person so plötzlich herkam, doch ich wusste es nicht. Das Verblüffendste an der Gestalt war allerdings nicht ihr unerwartetes Erscheinen, sondern ihr Outfit: Sie trug einen langes graues Kleid aus grobem Stoff, eine braune Schürze und Männerschuhe. Trotz Temperaturen um die 5 Grad Celsius hatte sie keine Jacke an. Ihr langes, welliges Haar wehte im Wind, während sie auf uns zuschritt.

Bevor ich reagieren konnte, trat meine vorlaute Schwester vor und fragte nach einer knappen Begrüßung: ›Was machen Sie hier? Ist Ihnen denn nicht kalt?‹

Die Frau lächelte Veronika an, erwiderte aber nichts, stellte sich dann vor mich hin und sagte: ›Mein Name ist Pegius. Gehen Sie statt mir. Ich darf nicht mehr, denn sie wollen keine Toten!‹ Danach raffte sie ihr langes Kleid und schritt davon.

Veronika tippte sich mit dem Zeigefinger gegen die Stirn und meinte dann: ›Lass und endlich gehen, meine Zehen sind schon ganz taub!‹

Zurück in der Wohnung unseres Bruders gingen wir ins Gästezimmer, um uns umzuziehen, und stellten erstaunt fest, dass die Klammheit in dem Raum einer angenehmen Wärme gewichen war. Wenig später recherchierte ich den Namen der Frau und stieß im Internet auf ihre Geschichte.

Meine Schwester hält heute noch ihren Traum für bedeutungslos, die Gestalt am Untersberg für eine arme Irre, beides im Zusammenhang für Zufall und Thermometer wie Heizkörper im Gästezimmer der brüderlichen Behausung für kaputt.«

Neben den zahlreichen Legenden, einigen Spukphänomenen und seiner spiritistischen Bedeutung weist der Untersberg einen Bezug zur westlichen Geomantie auf, die sich mit Kraftlinien (Leylines) und -orten beschäftigt. Das Alpenmassiv im Salzburger Becken ist angeblich von einem starken Energienetz überspannt und verfügt über zahlreiche auf Körper und Seele positiv wirkende Plätze.

Darüber hinaus verbindet eine Leyline den Untersberg mit dem Uluru (Ayers Rock), dem heiligen Berg der Aborigines in Australien. Auf dieser Energielinie liegt auch der Adam's Peak, der Mythenberg Sri Lankas, ein Wallfahrtsort für Buddhisten, Hindus, Christen und Moslems, der schon von den Ur-Einwohnern des Landes verehrt wurde.

Für die angeblich existierenden Zeitanomalien könnte neben der von Geologen festgestellten Verwerfungszone ebenso der Erdmagnetismus verantwortlich sein, der beim Untersberg besonders ausgeprägt wirkt.

Der Dalai Lama hat anlässlich seines Salzburgbesuches 1992 über die Erhebung gesagt, sie sei das »Herzchakra Europas«. Manche Menschen bezeichnen den Untersberg sogar als das »Herzchakra der Erde«.

Darüber hinaus gibt es noch ein interessantes Naturphänomen: Steht ein Wanderer am Untersberg zwischen einer Nebelschwade und der Sonne, fällt sein Schatten auf die Nebelwand, wobei sich drei konzentrische farbige Kreise um die Gestalt herum bilden. Gläubige bezeichnen dieses natürliche Spiel aus Licht und Schatten als »Marienerscheinung«.

Zum Untersberg werden sowohl in Österreich als auch in Deutschland zahlreiche organisierte Wallfahrten unternommen, etwa am 14. August jeden Jahres mit Start und Ziel bei der Marien-Wallfahrtskirche Großgmain (Österreich). Der neben dem Gotteshaus befindliche Marien-Garten gilt als eines der stärksten Kraftzentren der Region, über das es viele Heilerfolge von diversen Leiden zu vermelden gibt. Das gilt auch für die gesamte Region beim Untersberg, die über etliche Stellen mit »heilendem Wasser« verfügt.

Eine der bekanntesten ist die Quelle in der Almbachklamm (Deutschland), wo sich auch die »Irlmaier-Madonna« befindet, die der Freilassinger Seher und Brunnenbauer Alois Irlmaier seinem Freund Eugen Köberle (der den Dimensionssprung im Untersberg erlebte) hinterlassen hatte. Diese Quelle in der Bergwildnis zählt zu den meistbesuchten Kraftorten im Alpenraum. Von jeher galt die Mitte von Dreiecken beziehungsweise Pyramiden als Energieplatz und die Irlmaier-Madonna wurde im August 1975 genau im Zentrum einer solchen Trinität von Wallfahrtstätten platziert: Maria Plain – Großgmain – Maria Kunterweg. Berichten zufolge ist die Figur bei dem schweren Unwetter im Jahr 1998 heil und aufrecht in der Klamm stehen geblieben.

Stadt Salzburg: Gutshof in der Neukommgasse

Der spukende Scharfrichter

4 Franz Joseph (in älteren Schriften auch Johann) Wohlmuth (1738 – 1823) war der letzte Scharfrichter Salzburgs und entstammte einer angesehenen Henkersfamilie mit elitärem Standesbewusstsein.

Seinen Beruf übte Wohlmuth bereits mit 19 Jahren bei Gelegenheit, ab dem 15. Juni 1761 dann mit Fixanstellung aus und verdiente dabei 150 Gulden im Jahr. »Meister Joseph« erhielt außerdem Geld für das »Abdecken« (auch Wasenmeisterei), womit die Beseitigung und Verwertung von Tierkadavern gemeint ist, und dem Bestatten von Selbstmördern – diese mussten zu jener Zeit in »ungeweihter Erde« im sumpfigen Boden außerhalb der Stadt mit dem Gesicht nach unten eingegraben werden. Scharfrichter wurden außerdem gerne als Paten bei der Taufe von unehelich geborenen oder armer Leute Kinder eingesetzt.

Unter anderem war er Zeuge bei der Segnung von Joseph Mohr, der am 11. Dezember 1792 als uneheliches Kind des Musketiers Franz Mohr und der Anna Schoiber in Salzburg zur Welt kam. Der kleine Mohr wurde 1815 Priester und schrieb im Jahr 1816 das Gedicht »Stille Nacht, heilige Nacht«, das zwei Jahre später auf Ersuchen des Verfassers von Organist Franz Xaver Gruber vertont wurde und heute als das bekannteste Weihnachtslied der Welt gilt. Mohr wirkte neben Gruber bei der Uraufführung des Songs am Heiligen Abend 1818 mit und betätigte sich dabei als Sänger und Gitarrist.

Seine Exekutionen hat Wohlmuth in einem Protokoll, im »Executions Einschreib Buch« (fälschlicherweise oft als »Tagebuch« bezeichnet), festgehalten, das bis heute im Salzburger Stadtarchiv aufbewahrt wird. Dort sind von 1757 bis 1817 insgesamt 94 Hinrichtungen (84 an Männern und zehn an Frauen) verzeichnet – die meisten der Verurteilten auf Wohlmuths Liste wurden wegen Diebstahl und Raub mit dem Schwert oder mittels Galgen getötet. In dem Buch befinden sich auch neun angeführte Exekutionen in den Jahren 1765 und 1766 an Mitgliedern einer österreichischen Abdeckerbande inklusive ihres »Anführers« und eine an dem »Abdeckermensch« Margaretha Rabendter. Inklusive Folterungen und Körperstrafen gibt es insgesamt 226 Einträge in dem Buch, wobei der erste am 20. April 1757 Wohlmuths Meisterprüfung mit dem Schwert betrifft, die im bayrischen Land- und Pfleggericht stattfand.

Bei dem »Executions Einschreib Buch« handelt es sich generell um eine nüchterne und neutrale Auflistung, nur bei der Nummer 200 gibt der Henker eine persönliche Meinung zu einer strafrechtlichen Maßnahme ab: Ein französischer Soldat sollte durch den Strang hingerichtet werden. Zuvor wurde ihm die Hand abgeschlagen und Wohlmuth musste den Stumpf verbinden, damit der Verurteilte nicht verblutete. Diese Wundversorgung vor der Vollstreckung des Todesurteils hielt Wohlmuth für unsinnig und notierte dies auch neben dem Namen des Delinquenten.

Auf dem Schwert des Salzburger Freimanns soll folgender Spruch (oder ein sehr ähnlicher) eingraviert gewesen sein: *Wer etwas findet, eh' daß es verloren, etwas kauft, eh' dass es feil ist, der stirbt, eh' daß er krank wird.*

Galt der Scharfrichter (der mit der Schärfe des Schwertes Richtende) oder Freimann, früher auch Carnifex, heute umgangssprachlich meist Henker (von »henken«, das Vollstrecken einer Hinrichtung) genannt, im alten Rom und im Mittelalter noch als Unperson und die Ausübung dieser Tätigkeit als unehrlich, entwickelte sich der für die Vollstreckung eines Todesurteils Zuständige im 17. Jahrhundert zu einer respektierten Persönlichkeit, der Beruf selbst zu einem begehrten Job.

Noch im 16. Jahrhundert wollte dem »unreinen« Scharfrichter niemand zu nahe kommen, daher wurde angeordnet, dass die Vertreter dieses Berufes in Vororten wohnen und auffällige Kleidung tragen müssen. Auf diese Weise konnte man sie schon von Weitem erkennen und ihnen aus dem Weg gehen. Meist trugen sie rote Hosen und Westen oder eine markante Kopfbedeckung. In Frankfurt am Main erschienen Scharfrichter ab 1543 mit einem bunten Lappen am Rockärmel. Wahlweise konnten Henker aber auch eine Glocke bei sich führen, die sie zu läuten hatten, wenn sie die Stadt betraten, um die Leute vor ihrem Erscheinen zu warnen.

Ein ähnlich schlechtes Ansehen hatten im Mittelalter unter anderen auch Gaukler, Leinweber oder Schäfer, die ebenso geächtet und »gemobbt« wurden. Sie durften kein öffentliches Amt ausüben, keiner Zunft angehören und keinen Grund erwerben. In den Wirtshäusern waren sie nur geduldet, solange kein Gast Anstoß an ihrer Anwesenheit nahm.

Teilweise hat sich dieser Außenseiterstatus in Sprüchen bis heute gehalten, zum Beispiel in der Aussage »Scher dich doch zum Henker«. Allerdings umgibt die Figur des Scharfrichters auch eine gruselig-mystische Aura, weshalb der Beruf bis heute Menschen fasziniert, ebenso wie dessen Werkzeuge zum Foltern und seine Gerätschaften zum Töten.

Ursprünglich waren die Scharfrichter ausschließlich männlichen Geschlechts, doch ab dem späten Mittelalter agierten bis ins 19. Jahrhundert vereinzelt auch Frauen als Henkerinnen, meist arbeiteten diese an der Guillotine oder am Galgen.

Besonders geübt musste der Freimann hinsichtlich der Folter sein, denn er hatte dafür zu sorgen, dass dem Befragten so viel Leid zugefügt wurde, dass er seine Untaten gestand, er aber nicht während des Verhörs frühzeitig sein Leben aushauchte. Bei Verstümmelungsstrafen wie dem Abschneiden von Händen oder Ohren war es die Aufgabe des Henkers, die Wunde nach Vollstreckung der Urteile zu verbinden.

Zusätzlich gehörte es zum Beruf des Scharfrichters, Kloaken zu säubern, Prostituierte zu beaufsichtigen und Delinquenten an den Pranger zu stellen.

Wurden im Römischen Reich noch Menschen zum Scharfrichter ernannt, die sich nicht weigern konnten, etwa Sklaven, hat sich der Beruf im Mittelalter vom Vater auf den Sohn vererbt, der das Amt übernehmen musste, weil er keinen anderen Beruf ausüben durfte. Töchter konnten nur in die entsprechenden Kreise einheiraten und verrufenen Tätigkeiten wie der Wahrsagerei nachgehen.

Heinrich Heine (1797 – 1856) entflammte im Alter von 15 oder 16 Jahren für die Henkerstochter Josefa aus Düsseldorf, das »Rote Sefchen«, das er als sein »erstes Liebchen« bezeichnete. In seinen Memoiren schrieb er: »Ihr Haar war rot, ganz blutrot und hing in langen Locken bis über ihre Schultern hinab, so daß sie dasselbe unter dem Kinn zusammenbinden konnte. Das gab ihr aber das Aussehen, als habe man ihr den Hals abgeschnitten und in roten Strömen quölle daraus hervor das Blut.«

Die verwaiste Josefa wohnte bei ihrer verwitweten Tante, deren Mann ebenfalls den Beruf des Scharfrichters ausgeübt hatte, nahe der ehemaligen Hundsburg am Volksgarten im Düsseldorfer Stadtteil Bilk, wo noch heute eine Gedenktafel an Heines erste Liebe erinnert.

Nachdem das Mädchen ihrem Verehrer eines Tages das Schwert seines Vaters gezeigt hatte, mit dem bereits hundert »Schelme« geköpft worden waren, sprach Heine: »Willst du küssen das Schwert? Nein, ich will das Rote Sefchen küssen.« Später erzählte der Dichter: »Und weil sie sich nicht wehren konnte wegen des fatalen Stahls musste sie es gewähren lassen, dass ich ihre Hüften fasste und ihre Lippen küsste. Ich küsste sie aber nicht nur aus Passion, sondern auch aus Hohn gegen alle bösen Vorurteile.«

Genützt hat dem jungen Romantiker seine Auflehnung gegen das gesellschaftliche System nichts, denn er musste sich nur wenig später auf Anweisung der Scharfrichterfamilie von Josefa trennen, weil er den »falschen« Beruf erlernen wollte. Heine ging damals auf die Handelsschule, um sich gemäß der Familientradition auf eine kaufmännische Karriere vorzubereiten.

Durch die Vererbung des Scharfrichteramts vom Vater auf den Sohn entstanden mit der Zeit regelrechte Scharfrichter-Dynastien. Die bekanntesten waren die Sansons in Frankreich, deren Mitglieder unter anderem auch König Ludwig XVI. und seine Gemahlin Marie-Antoinette 1793 mit der Guillotine hinrichteten, die Vollmars und Grosholzes in der Schweiz sowie die Deibles in Deutschland.

Die Ausbildung zum Henker begann meist bereits in der Kindheit, manche Burschen legten ihre Meisterprüfung, die in der Regel aus einer ordnungsgemäß durchgeführten Enthauptung bestand, schon mit 16 Jahren ab. Die Lehre war streng und umfassend. Das machte intensives Training nötig, unter anderem wurden die Hinrichtungen an Kälbern und Hunden geprobt.

So sehr der Henker tagsüber geächtet wurde, so sehr verehrten ihn die Menschen in der Nacht, zumindest die abergläubischen, denn viele hielten die Person, die die Macht hatte, Leben zu nehmen, für einen Glücksbringer, Magier und Heiler. Sobald die Dunkelheit hereinbrach, schlich so mancher aus der Stadt, eilte zum Haus des Scharfrichters und bat den Mann um Rat oder ließ sich von ihm einen Zaubertrank brauen.

Henker besaßen außerdem aufgrund ihrer Tätigkeit solide Kenntnisse im Bereich Anatomie. Manche kannten sich mit dem menschlichen Knochenbau und der Anordnung der Organe besser aus als der ortsansässige Bader. Es gibt etliche Hinweise darauf, dass sich Scharfrichter sogar als Chirurgen betätigten. Aber auch die Herstellung und der Verkauf von angeblich heilmagischen Substanzen, die aus den Körpern der Hingerichteten gewonnen wurden, sicherten den Scharfrichtern ein solides Nebeneinkommen – dabei handelte es sich zum Beispiel um das »Armsünderfett«, das zur Herstellung von Salben gegen Gicht oder Gelenksschmerzen verwendet wurde.

Allerdings brachten den Henkern ihre »medizinischen« Tätigkeiten häufig Streit und Ärger mit den studierten Ärzten ein, die die Bürger immer wieder – erfolglos – von der Laienhaftigkeit und Scharlatanerie der Scharfrichter zu überzeugen versuchten.

Doch nicht nur dem Fett, sondern auch dem Blut der Hingerichteten schrieben die Menschen damals magische Kräfte zu. Deshalb drängten sie sich bei einer Exekution einerseits aus Sensationslust ums Schafott, andererseits um den Körpersaft mit den Händen aufzufangen oder mit Tüchern aufzutunken. Noch im Jahr 1864 verkauften sich Stofffetzen mit dem Blut von enthaupteten Mördern für zwei Taler pro Stück. Ein kleiner Knochen eines Gehenkten – am beliebtesten waren dabei Fingerglieder – in der Brieftasche wiederum sollte vor Geldsorgen schützen, unter der Hausschwelle vergraben galt er als Hüter des Heims. Ein Holzsplitter vom Galgen bewahrte laut Aberglaube generell vor Unheil.

Zu jener Zeit dürften so einige Mutproben in Form von Leichenteildiebstählen stattgefunden haben. Denn mit Sicherheit hatten die meisten Menschen Angst davor, dass der Hingerichtete nur scheintot sein könnte und zum Leben erwachte, wenn man ihm etwas abschneiden wollte, oder sich aus dem Jenseits heraus rächen würde.

Bis ins 17. Jahrhundert blieben die Leichen der Getöteten auf der Hinrichtungsstätte liegen oder hängen und wurden von den Raben, damals im Volksmund »Tauben des Scharfrichters« genannt, aufgefressen. Später haben Mitglieder etwa der Wiener Totenbruderschaft die Körper sofort nach der Vollstreckung des Todesurteils vom Richtplatz entfernt.

Neben dem Enthaupten mit dem Schwert oder der Guillotine und dem Erhängen gab es unter anderem noch die Hinrichtung mit dem Rad – hierbei wurde der Verurteilte auf ein Wagenrad gebunden, ein zweites hat der Scharfrichter danach auf die Unterschenkel des Verurteilten, dann auf die Arme und zuletzt auf den Brustkorb des Delinquenten fallen lassen, um sämtliche Knochen und Rippen zu zerschmettern, bis der Tod eintrat. Im Mittelalter und darüber hinaus galt diese Art der Hinrichtung als eine der unehrenhaftesten Strafen, mit der beinahe ausnahmslos männliche Missetäter exekutiert wurden.

Als weitere Technik galt die »Hinrichtung zu gesamter Hand«, dazu gehörte beispielsweise das Steinigen.

Hin und wieder wurden von den Gerichten noch Zusatzstrafen wie das Aufspießen abgeschlagener Köpfe auf Stöcken ausgesprochen, die vor allem der Abschreckung dienen sollten.

Die meisten Henker waren aber keineswegs grausame Sadisten, verkappte Mörder oder gar blutrünstige Killer. Sie wurden in diesen Beruf hineingeboren und hatten kaum bis gar keine Möglichkeiten, ein anderes Leben zu führen. Es gibt viele Berichte von Scharfrichtern, die ihre Tätigkeit hassten und nicht damit fertig wurden, was psychische Probleme wie Depressionen oder Alkoholsucht zur Folge hatte. Einige der Männer haben sogar Selbstmord begangen.

Besonders schwer fiel den meisten Henkern das Hinrichten von Frauen, was zusätzliche Qualen für die Verurteilten bedeutete, da die Tötung aufgrund dieser Hemmungen häufig zögerlich und daher stümperhaft ausgeführt wurde. Bei Maria Stuart musste der Freimann drei Mal zuschlagen, bis die Königin starb. Der Ablauf dieser Hinrichtung ist überliefert:

Der 18. Februar 1587 war der Tag, an dem die erst 44-jährige ehemalige Königin Schottlands, Maria Stuart, nach 18 Jahren

Gefangenschaft auf Befehl der englischen Regentin Elisabeth I. sterben sollte, nachdem sie des Hochverrats schuldig gesprochen worden war. Als Todesart wurde die Exekution durch das Beil bestimmt.

Am besagten Tag wurde Maria Stuart auf das Schafott geführt, wobei sie eine bemerkenswerte Ruhe zeigte. Sie war gekleidet wie eine Nonne, trug ein schwarzes Satinkleid, an dessen Gürtel zwei Rosenkränze hingen, und einen weißen Schleier im Haar. Als sie am Schafott die Überbekleidung ablegte, kamen ein dunkelroter Samtunterrock und Satinmieder in derselben Farbe zum Vorschein – im europäischen Kulturkreis symbolisierte Rot Märtyrertum, Mut und königliches Blut.

Nach alter Sitte bat der Henker Maria Stuart um Verzeihung, welche ihm die Königin gewährte. Danach wurden ihr die Augen verbunden und die Verurteilte beugte sich über den Holzklotz. Nach einem kurzen Gebet gab sie dem Henker ein Zeichen, dass sie bereit sei. Danach schlug der Scharfrichter zu, traf aber nur den Hinterkopf, was vermutlich bereits zu einer tiefen Bewusstlosigkeit führte. Der zweite Schlag traf zwar den Hals, trennte das Haupt aber nicht vom Rumpf. Erst durch das Zerschneiden der letzten Muskelstränge fiel dieses zu Boden.

Mit den Worten »Es lebe die Königin« hob der Henker den Kopf der Exekutierten an den Haaren empor, um ihn der Menge zu präsentieren. Doch dieser polterte mit Getöse zu Boden: Maria Stuart, die ihr graues Haar kurz geschoren hatte, trug eine Perücke …

(Quelle: www.diehenker.at)

Misslang eine Exekution, aus Unfähigkeit oder aufgrund von Trunkenheit, kam es nicht selten vor, dass der betreffende Scharfrichter vom aufgebrachten Volk an Ort und Stelle gelyncht wurde.

Heute sind die Berufsanforderungen an die Schafrichter, in den Ländern, in denen die Todesstrafe im Strafrecht noch existiert (beispielsweise in China und den USA, insgesamt immerhin in 58 Staaten der Erde), aufgrund der mittlerweile eingesetzten Hinrichtungswerkzeuge wie Giftspritze oder elektrischer Stuhl andere als zu jener Zeit. Doch wie einst im Mittelalter ist die Ausübung dieses Amtes dem sozialen Prestige dieser Personen abträglich.
Seit Mitte des 20. Jahrhunderts ergreifen den Beruf auch Frauen, die die Hinrichtung vor allem an Geschlechtsgenossinnen oder jungen Menschen vollziehen.

Das Abschlagen von Händen oder das Abtrennen des Hauptes mit dem Beil wird heute nur noch in einigen wenigen islamischen Ländern wie im Sudan oder in Saudi-Arabien praktiziert.

Franz Joseph Wohlmuth aus Salzburg hat zu Beginn seiner Karriere in einer Wohnung nahe dem »gemeinen Frauenhaus« mit der Adresse Herrengasse 30 gewohnt. Die Richtstätte befand sich allerdings im heutigen Stadtteil Gneis am »Totenweg« (heute Neukommgasse-Nissenstraße-Moosbruckerweg), wohin sie Ende des 16. Jahrhunderts verlegt worden war, weil sich die Salzburger über die direkt vor den Stadttoren (heute Kreuzung Vogelweiderstraße/Schallmooser Hauptstraße) vermodernden Leichen beschwert hatten.

Hier wurde unter anderen auch die letzte »Hexe« Österreichs, Maria Pauer, am 6. Oktober 1750 mit dem Schwert vom Leben zum Tod befördert. Das 16-jährige Mädchen war am 10. September verurteilt worden, weil sich während seiner Anwesenheit Gegenstände ohne menschliches Zutun bewegt hatten.

Wohlmuth kaufte sich, um einen kürzeren Weg zur Arbeit zu haben, im Jahr 1790 für 600 Gulden einen Gutshof direkt an der Gneiser Richtstätte, der heute noch an der Neukommgasse 26 erhalten ist und zum Besitz des Martinsbauern gehört. Derzeit steht das Gebäude leer und verfällt langsam.

Der neue Richtplatz bestand aus einem erhöht stehenden Galgen (früher »Galling« genannt), einem Kreuz für das letzte Gebet der Verurteilten und einer Köpfstätte auf einem Podium. Ebenfalls an dieser Stelle befand sich seit Beginn des 18. Jahrhunderts der Arme-Sünder-Friedhof (heute Gebäude des Städtischen Bestattungsunternehmens) nahe dem Salzburger Kommunalfriedhof (Gneiser Straße 8). Außerdem erinnert das »Hotel und Gasthaus zur Hölle« in der Doktor-Adolf-Altmann-Straße 2 an die Existenz des Galgens in unmittelbarer Umgebung. Der ursprüngliche Galgenwirt lag vor dem Kommunalfriedhof im Kern-Park, östlich des Obelisken.

Wohlmuth erledigte seinen Job großteils zur allgemeinen Zufriedenheit. Erst im Alter unterliefen ihm einige Kunstfehler. Diese brachten ihm 1807 einen Verweis und 1808 drei

Tage Arrest ein. Danach erlitt er einen Schlaganfall und war bis 1812 offensichtlich nicht mehr als Freimann tätig. Seine letzte Exekution führte er am 12. September 1817 im Alter von 79 Jahren mit dem Schwert durch – »glücklich und geschwind«, wie er in seinen Aufzeichnungen (Eintrag 226 im »Executions Einschreib Buch«) vermerkte.

Der letzte Salzburger Scharfrichter starb im Alter von 85 Jahren am 26. März 1823 und wurde drei Tage später am Morzger Friedhof (Gneiser Straße 62) beerdigt.

Franz Joseph Wohlmuth führte, so die Überlieferung, ein zufriedenes Leben und mochte seinen Beruf. Dennoch scheint er noch nicht zur Ruhe gekommen zu sein, wie möglicherweise folgende Geschichte dokumentiert.

Sabine Lackmaier, eine 36-jährige Lehrerin aus Graz, erzählte mir von ihrem Erlebnis beim Gutshof des Scharfrichters:

»Im September 2012 beschlossen meine Freundin Laura und ich, uns das Haus in der Neukommgasse 26 in Salzburg, in dem einst der letzte Scharfrichter der Stadt wohnte, näher anzusehen. Wir fahren ungefähr viermal pro Jahr zu angeblichen Spukorten, um uns selbst ein Bild von den Gegebenheiten vor Ort zu machen. Der Adrenalin-Kick, wenn man tatsächlich ein unerklärliches Phänomen wahrnimmt, ist unbeschreiblich.

In Salzburg angekommen, besichtigten wir das Gebäude zuerst tagsüber und fanden es wenig spektakulär – ein ganz normaler großer Gutshof eben, der einsam und verlassen an einer öden Straße steht. Also gingen wir zurück in unsere

Unterkunft, eine kleine Pension, um noch ein wenig zu schlafen, bevor wir uns in der Nacht erneut auf den Weg zu dem Haus des Henkers machen wollten. Schließlich hatten wir die Absicht, uns ein wenig zu gruseln, wenn wir schon rund 250 Kilometer weit gefahren waren. Laura plante, zu später Stunde auch einige Gerätschaften wie Diktafone und zumindest eine Kamera mitzunehmen, um eventuelle Vorkommnisse aufzuzeichnen.

Als es langsam dunkel wurde, gingen wir los und erreichten eine Viertelstunde später erneut das Haus Nr. 26 in der Neukommgasse. Laura hatte mir eine Taschenlampe und ein Aufnahmegerät in die Hand gedrückt, verschwand mit den Worten: ›Ich komm gleich, ich muss da hinten etwas nachschauen gehen‹ und ließ mich alleine vor dem jetzt in der Nacht sehr unheimlich wirkenden Hof stehen. Ich schwenkte die Taschenlampe auf und ab und fühlte mich sehr unwohl, da ich nicht wusste, wo sich meine Freundin aufhielt und was sie dort tat. Plötzlich tippte mir von hinten jemand auf die Schulter und ich spürte einen warmen Hauch an meinem Ohr, doch als ich mich umdrehte und sagte: ›Musst du mich so erschrecken? Wo bist du gewesen?‹, war niemand zu sehen. Ich wunderte mich ein wenig, geriet aber deshalb nicht in Panik, da ich weiß, dass einem in der Dunkelheit an einem angeblichen Spukort die Fantasie oft so manchen Streich spielt.

Langsam wurde mir kühl und ich begann auf und ab zu gehen, führte aus Langeweile auch gleich eine Befragung durch. Das heißt, ich schaltete das Diktafon ein und wollte wissen, ob sich ein »Geist« in der Nähe aufhielt. Zeitweise kam ich mir etwas albern dabei vor, doch ich bemühte mich etwa zehn Minuten lang, ohne selbst zu kichern, Stimmen aus dem Jenseits einzufangen, falls es dort welche gab. Laura tauchte aber auch weiterhin nicht auf und ich wurde langsam unruhig.

Entschlossen und bereits fröstelnd marschierte ich nach weiteren fünf Minuten in die Richtung, in der meine Freundin in der Finsternis verschwunden war. Ich fand sie seitlich am Hof in geduckter Stellung im Gras verharren, die Kamera im Anschlag. Als sie mich sah, legte sie einen Zeigefinger auf ihre Lippen und deutete mir, nicht näher zu kommen. Ich blieb also stehen und harrte der Dinge, die da noch kommen sollten.

Endlich stand Laura auf, kam auf mich zu, packte mich am Arm und zog mich auf die Straße zurück. Dort angekommen erzählte sie mir, vor Begeisterung fast atemlos, dass sie tolle Aufnahmen von einer kegelförmigen Energie gemacht hatte, die in ihrer Nähe herumgewandert war. Ich nickte zähneklappernd vor Kälte und hoffte, dass wir nun wieder in die Unterkunft zurückkehren könnten. Laura befand sich allerdings im Freudentaumel und teilte mir mit, dass sie noch einmal nach hinten gehen würde. Da ich nicht wieder alleine bleiben wollte, schlichen wir zu zweit an die Stelle zurück, an der Laura die geisterhafte Wahrnehmung gehabt hatte. Doch es passierte nichts mehr, die kegelförmige Erscheinung war verschwunden.

Gegen Mitternacht kehrten wir um und gingen zu unserer kleinen Pension zurück. Laura zeigte mir sofort ihre Aufnahme und mir standen die Haare zu Berge: Es war ganz deutlich eine Gestalt mit Kopf und steif nach unten gestreckten, seitlich etwas abstehenden Armen zu sehen, die meine Freundin hinter der Kamera als Kegel wahrgenommen hatte.

Als wäre das nicht schon genug an Schauerlichkeit gewesen, hörten wir auch noch das Diktafon ab und vernahmen eine tiefe männliche Stimme, die klar und deutlich sagte: ›Das Haupt von Johann Huber wird fallen‹ ›… (k)ein Galgen mehr‹ und ›Arme Seele geh weg‹.

Ich hab die ganze Nacht kein Auge zugetan – einerseits vor Aufregung über unseren Erfolg, andererseits weil ich mich wirklich gruselte.«

Stadt Salzburg:
Rathaus/
Getreidegasse

Zauberer Jackl
und die Geisterbuben

Im Zuge der Hexenprozesse, die in Österreich zwischen 1450 und 1680 stattfanden, wurden damals auch Zauberer im ganzen Land verfolgt und hingerichtet.

Bei diesen Personen, in früheren Zeiten oft auch als »Hexer« bezeichnet, handelte es sich zunächst um Wissenschaftler und Intellektuelle, somit um »Verwandte« der Alchemisten und Druiden, nur dass bei ihnen ein erkennbarer religiöser, philosophischer oder kultischer Hintergrund fehlte.

Da Zauberer in der Bevölkerung in der Funktion als Wundertäter oder Priester teilweise ein hohes Ansehen genossen, gab es auch immer viele Scharlatane, die sich diesen Status durch Täuschungsmanöver zu erschleichen und ihren Wissensvorsprung über Naturgesetze zu ihrem Vorteil zu nutzen versuchten.

Der berühmteste Trickbetrüger unter den Zauberern war der Italiener »Graf« Alessandro Cagliostro, eigentlich Giuseppe Balsamo (1743 – 1795), der mit dem Verkauf von »Wunderkuren« in Form von Liebestränken, Jugendelixieren, Schönheitsmixturen, alchemistischem Pulver etc. hohe Profite erzielte. Er wurde von der Inquisition 1789 verhaftet und in der Engelsburg in Rom eingekerkert, in der er bis zu seinem Tod in Haft saß.

Bei Merlin handelt es sich um den »mächtigsten Zauberer der Welt« – jedoch ist er lediglich eine Legende. Die Figur wurde wahrscheinlich geschaffen von Geoffrey von Monmouth, der Merlin um 1136 in seiner »Historia Regnum Britanniae« als Lehrer von König Artus auftreten lässt.

Von den »echten« Zauberern wurde stets die Erfüllung primärer Bedürfnisse verlangt, beispielsweise die Heilung von Krankheiten, Vorhersage und Beeinflussung des Wetters, Prophezeiungen aller Art und Begünstigungen in jeder Lebenslage. Neben ihren »magischen« Fähigkeiten betätigten sich Zauberer aller Kulturen als Ratgeber, Lehrer, Richter, Wissenschaftler und Künstler. Zu den bekanntesten Vertretern zählen Heinrich Cornelius Agrippa von Nettesheim (1486 – 1535), Grigori Jefimowitsch Rasputin (1869 – 1916) und Erik Jan Hanussen (1889 – 1933). In Österreich soll es im 17. Jahrhundert zwei Zauberer gegeben haben, den Jackl und den Sepperl Mayr.

Niedergeschrieben wurden die Formeln der Magier in Zauberbüchern, die von Generation zu Generation weitergegeben und dabei immer wieder überarbeitet wurden. In der Regel enthielten die Bücher astrologische Begriffe, Listen von Engeln und Dämonen, Zaubersprüche, mit denen man magische Wesen herbeirufen können sollte, und verschiedene Rezepturen zur Herstellung von Talismanen und verschiedensten Mixturen.

Fast alle diese Schriften haben als Gemeinsamkeit den Wunsch, sich vor drohendem Unheil und Gefahren zu schützen, Kraft zu erlangen, die Gesundheit zu erhalten oder Krankheiten zu besiegen, in die Zukunft zu sehen und, nicht zuletzt, zu Reichtum zu kommen. Viele der Zauberbücher sind anonym verfasst worden, wahrscheinlich deshalb, weil die Autoren auf dem Scheiterhaufen gelandet wären, hätten sie sich zu erkennen gegeben.

Die Blütezeit dieser Schriften lag zwischen dem Spätmittelalter und dem 18. Jahrhundert. Ab dem 19. Jahrhundert wurden Sammlungen verschiedener zauberhafter Manuskripte veröffentlicht, um sie einem breiten Publikum zugänglich zu machen. Zu diesem Zeitpunkt war die Aufklärung schon weit verbreitet und ein Großteil der Menschen glaubte nicht mehr daran, dass die magischen Formeln tatsächlich funktionieren könnten.

Der Glaube an Zauberei tauchte allerdings nicht erst im Mittelalter auf – schwarze Magie war schon in den alten Hochkulturen gefürchtet und bestraft worden. So gab es beispielsweise in Babylonien bereits die »Wasserprobe«, wie im Codex Hammurabi niedergeschrieben ist. Bei den Römern wurden Zauberer, die nachweislich Rituale durchführten, die sich negativ auswirken konnten, hingerichtet. Allerdings kam es damals nie zu gezielten Verfolgungen, wie es ab der frühen Neuzeit der Fall war.

Auch in Salzburg fand von 1675 bis 1690 eine Jagd auf Hexen und Zauberer statt. Verantwortlich dafür war unter anderem Maximilian Gandolf Graf von Kuenburg, von 1668 bis 1687 Erzbischof von Salzburg und Kardinal, der auch durch seine Förderung der Vetternwirtschaft bekannt wurde und dafür 1677 eigens die »Peinliche Ordnung Maximiliani Gandolphi« verabschiedete.

Kuenburg befahl allerdings nicht nur grausame Folterungen und Hexenverbrennungen, sondern führte außerdem auch die Vertreibung der protestantischen Dürrnberger Bergknappen unter dem Glaubenskämpfer Joseph Schaitberger durch. Darüber hinaus wollte er durch die Festnahme und das Hinrichten von mittellosen Personen und Landstreichern, darunter auch etliche Kinder, das Bettelunwesen bekämpfen.

Generell lebte die Salzburger Landbevölkerung aufgrund häufiger unwetterbedingter Überschwemmungen auf den Feldern zu jener Zeit mehrheitlich in großer Armut. Zusätzlich machten es die hohen Ernteabgaben an die feudale Herrschaft den Bauern schwer, ihre Familien zu erhalten. Daher mussten viele Eheleute mit ihren Kindern bettelnd durch das Land ziehen, um zu überleben.

Zu dieser Zeit der Armut, die in enger Verbindung stand mit den Launen der Natur, gaben viele Menschen »seltsamen« Leuten, die aus der Norm fielen, die Schuld an Unwettern und den daraus resultierenden Missernten und Hungersnöten. Oft hieß es, wenn sich eine Person auffällig verhielt und zusätzlich vielleicht auch mehr Glück hatte als der Großteil der Bevölkerung, dass diese mit dem Teufel im Bunde stehen musste und in der Lage war, Schadenszauber zu betreiben.

Und dieses Misstrauen gegenüber auffälligen Menschen wurde von der Obrigkeit ausgenutzt, um unerwünschte Personen unschädlich zu machen, ohne sich dafür großartig rechtfertigen zu müssen. Der »positive« Nebeneffekt dieser Verfolgungen und im Sinne vieler Herrscher war die Dezimierung der Bettler und ihre Vertreibung von den Straßen der Stadt. Generell sollten mit dieser Aktion Randgruppen, also beispielsweise auch Landstreicher und Behinderte, aus der Gesellschaft entfernt werden – Anschuldigungen gegen etablierte Bürger wegen Zauberei wurden nämlich fast immer ignoriert.

Ausgelöst wurden diese spektakulären Fälle von Hexen- und Zaubererverfolgungen in Salzburg Ende des 17. Jahrhunderts von der Verhaftung der »Hexe« Barbara Koller und der Flucht ihres Sohnes Jakob, des »Zauberers« Jackl. Bei den Prozessen rund um diese Personen, die die Auslöschung der Unterschicht in Salzburg und im gesamten südostdeutschen Raum zur Folge haben sollten, handelte es sich um die größte und brutalste derartige Kampagne in der gesamten Habsburgermonarchie, ja sogar in ganz Europa.

Die Vorwürfe und die grausamen Maßnahmen sind auch deshalb als ungewöhnlich einzustufen, weil sie relativ spät stattfanden. Der Höhepunkt der Hexenverfolgung, Ende des 16. und Anfang des 17. Jahrhunderts, war zu dieser Zeit längst vorüber – die letzte Hexenverbrennung in Salzburg war rund hundert Jahre zuvor durchgeführt worden. Die zeitgenössischen Juristen bewerteten die »Zauberbubenprozesse«, in denen der Kommissar Sebastian Zillner von Zillerberg (ein Mitglied des Salzburger Hofrats, der obersten Justizbehörde des Landes) Richter, Ankläger und Verteidiger gleichzeitig war, als rechtlich unbedenklich; so auch der Strafrechtsgelehrte Johann Christoph Frölich von Frölichsburg aus Tirol, der als »menschlich fühlender Strafjurist« galt und vor einem exzessiven Einsatz der Folter warnte, ohne von dieser Art der »Wahrheitsfindung« gänzlich abzurücken. Im Rahmen der Hexenprozesse legte er der Obrigkeit auch nahe, bei der Anwendung der Folter größtmögliche Vorsicht walten zu lassen, *sodass es gleichsamb unmöglich fallet, jemand Unschuldigen zu verfellen.*

Die Bande des »Zauberers« Jackl sorgte für großes Aufsehen in der Mozartstadt. Insgesamt 133 Menschen, die sich im Dunstkreis der »suspekten Person« Jakob Koller aufhielten, wurden im Auftrag des Erzbischofs von Salzburg, Maximilian Gandolf Graf von Kuenburg, »zur Wiederbringung ihres Seelenheils« und zur »Lösung aus teuflischen Banden« öffentlich erdrosselt, geköpft, verbrannt. Etwa die Hälfte der Hingerichteten waren Kinder und Jugendliche. Die Mütter und Väter der Ermordeten mussten aufgrund der Verletzung ihrer Aufsichtspflicht zwei Wochen bei Wasser und Brot im Gefängnis verbringen. Durch erzbischöflich-lan desfürstliche Resolutionen in den Jahren 1675 und 1678 wurden alle Eltern aufgefordert, bei Tag und Nacht auf ihre Kinder aufzupassen, sie in Zucht zu halten und zum Besuch der Kinderlehren und Gottesdienste zu veranlassen.

Die älteste im Rahmen der »Zauberbubenprozesse« Hingerichtete, Margarete Reinberger, eine Schusterswitwe, war achtzig Jahre alt, das jüngste Opfer, Mathias Hauser, eine Halbwaise aus dem Pongau, der in Wirtshäusern bettelte, sieben oder acht. Er wurde aufgrund seines jungen Alters nicht stranguliert, sondern vor dem Verbrennen mit dem Fallbeil gerichtet.

Fünf Menschen verstarben im Verlauf des Verfahrens, 13 wurden des Landes verwiesen, elf Kinder kamen zu Pflegeeltern und nur 31 Menschen wurden freigelassen.

Die zusammengefassten Geständnisse der Verurteilten wurden zur Abschreckung öffentlich verlesen, und flammende Predigten gegen die »Bösen«, die »die Geister der Menschen mit ihren Teufeleien vergiften«, bewirkten ein Übriges. Obwohl man die Folter bei den Kindern offiziell nicht anwenden durfte, hagelte es dennoch harte Schläge, weshalb angenommen werden kann, dass Angst, Panik und Schmerz die jungen Menschen zu allerlei fantasievollen Schilderungen, die nicht der Realität entsprachen, trieben.

Besonders maßgeblich für die Verfolgung weiterer Knaben soll der Vorfall bei der Hinrichtung des 14-jährigen aus der Steiermark stammenden Thomas Hasendorfer gewesen sein, der durch seine »freiwillige« Aussage viele seiner Freunde ans Messer lieferte.

Die Prozesse waren zentral organisiert – alle Gefangenen mussten von den einzelnen Landgerichten in die Stadt Salzburg transportiert werden –, und man führte sie sehr mitleidlos, weshalb die Angeklagten nur selten der Hinrichtung entkamen.

Die Verhandlungsdokumentationen, die heute im Salzburger Landesarchiv aufbewahrt werden, spiegeln die Situation wider, in der sich diese am untersten Rand der Gesellschaft lebenden Personen befanden: alleinerziehende Witwen, schwangere junge Mädchen oder voneinander getrennte Familien zogen bettelnd und mal hier mal dort Gelegenheitsarbeiten verrichtend durch das Land und überwanden dabei riesige Strecken zu Fuß. Und genau diese sozial schwache Unterschicht empfanden die »hohen Herren« aus Salzburg als Schande, die es auszulöschen galt.

Jakob wurde um 1660 von der ursprünglich aus Werfen stammenden Barbara Koller in Golling geboren und wuchs ohne seinen Vater Kilian Tischler auf, der den Beruf des Henkers ausgeübt hatte und im Jahr 1664 verstarb. Jakobs Mutter arbeitete als Abdeckerin, auch Wasenmeisterei oder Schinderei (daher ihr Spitzname »Schinderbärbel«) genannt, war also für die Beseitigung und Verwertung von Tierkadavern zuständig. Die Familie gehörte somit einer sozial geächteten Schicht an. Sie schlug sich mehr schlecht als recht durchs Leben und hielt sich mit zusätzlicher Bettelei über Wasser. 1675 wurde die zu diesem Zeitpunkt 50-jährige »Schinderbärbel«, die gemeinsam mit ihrem Sohn vermutlich mehrere Opferstöcke in Kirchen aufgebrochen hatte, nicht nur wegen Diebstahl angezeigt, sondern auch der Hexerei bezichtigt (genauer: der Verzauberung von Tieren) und nach einem Aufenthalt im Kerker der Festung Hohenwerfen in der Hauptstadt inhaftiert.

Nach langer, grausamer Folter im Salzburger Hexenturm (Gebäude an der Ecke Wolf-Dietrich-Straße/Paris-Lodron-Straße, das bis 1944 im Original erhalten und mit einer Blechfahne in Form einer Besen reitenden Hexe geschmückt war – nach einem Bombenschaden im Zweiten Weltkrieg wurde das Haus neu errichtet) »gestand« die am Ende ihrer psychischen und physischen Kräfte angelangte Frau. Sie sagte aus, Mensch und Vieh verzaubert zu haben (obwohl sie kein Zeuge belastet hatte), und wurde im August desselben Jahres in Salzburg hingerichtet. Zuerst hat man sie mit glühenden Zangen gezwickt, dann erdrosselt und danach vor großem Publikum verbrannt. Angeblich hatte sie zuvor ausgesagt, dass ihr Sohn zaubern könne. Sogar von ihrem Vierbeiner, einem sehr klugen Tier, behauptete man, es sei ein »gefrohrner«, also ein verzauberter, Hund.

Nach der Hinrichtung seiner Mutter tauchte Jakob unter, weil er befürchtete, dasselbe Schicksal wie sie zu erleiden – und damit geriet der Stein ins Rollen, der 133 Menschen das Leben kosteten sollte.

Der junge Mann zog mit einer wachsenden Anzahl von Jugendlichen – es handelte sich dabei fast ausschließlich um Burschen aus dem Landstreichermilieu von Österreich und Bayern –, aber auch mit von zu Hause ausgerissenen Bauernkindern bettelnd und stehlend durchs Land. Auf Jakob Koller, auch »Schinderjackl« genannt, wurde seitens des bayrischen Kurfürsten Ferdinand Maria, genannt der »Friedliebend«, ein sich stetig erhöhendes Kopfgeld ausgesetzt. Dieses betrug zuletzt 500 Reichstaler (tot oder lebendig), was den 15-fachen Jahreslohn eines Taglöhners darstellte. Doch der junge Mann konnte nie gefunden werden.

Schließlich wurde Jakobs Gefolge der Hexerei bezichtigt, und im Glauben, so der Hinrichtung zu entgehen, beschuldigten sich die Burschen gegenseitig – und noch andere Leute aus ihrem Bekanntenkreis.

Die Kinder wurden im Rathaus der Stadt Salzburg eingekerkert, verhört und gefoltert. Die meisten sind allerdings bereits beim Anblick der Foltergeräte zusammengebrochen und haben alles gestanden. Sie berichteten unter anderem, wie man Mitglied der »Jackl-Bande« wurde: Angelockt habe der Zauberer sie mit gutem Essen und Trinken, dann mussten sie als Mutprobe einen Diebstahl begehen. Verlief dieser Test erfolgreich, hat der Anführer seine Jungs angeblich »gemärkt«, und zwar mit einem Schnitt hinter dem Ohr, und mit deren Blut ihre Namen in ein Buch geschrieben. Jackl soll allen Mitgliedern seiner Truppe das Zaubern gelehrt, dafür aber auch unbedingten Gehorsam gefordert haben.

Einer aus dem Tross hieß Sepperl Mayr – er wird bis heute als einziger Bursche neben Jackl als »Zauberer« bezeichnet. Der 12-jährige Junge war von zu Hause weggelaufen, wo er angeblich gezüchtigt worden war, schloss sich der Bande an und wurde bald zum Lieblingslehrling des Meisters.

Am 26. Mai 1678 wurde Sepperl Mayr in Salzburg zuerst erdrosselt und dann verbrannt.

Erst im Jahr 1690 wurden die Suche nach Jackl und die Prozesse eingestellt – vermutlich deshalb, weil die Kosten für das Verfahren und die Fahndung nach dem Anführer der Zauberbande zu teuer geworden waren.

Zuvor hatte man die Fahndung auch in Nachbarregionen ausgedehnt und den Behörden auch bei den lokalen Verfolgungen von Bettelknaben, die in Verdacht standen, zu Jackls Bande zu gehören, und den folgenden Prozessen geholfen.

So berichtete beispielsweise die Stadtchronik von Goisern:

Anno 1678 entstunde im Erzstift Salzburg ein Erzzauberer, im gemein der Zauberer Jägel genannt, welcher auch neben seyner zauberey abentheyerlich Possen trieb, dem Doktor Faust gleich; es konnte ihme niemand gefänglich bekommen. Er hat mit seiner Zauberey viel hundert Menschen verführt, wie dann obbemeltes Jahr 1678 in der Erzstift über hundert Personen solchermaßen hingericht; erstlich hat man einen scheitterhaufen, allwo ein holzerner Pfahl gesteckt, zugericht, selbe darauf gebunden und also erwürget und hernach verbrannt, etliche von ihnen aber lebendig verbrennt. Man hat es lange Zeit hernach noch nicht ausrotten mögen. Den Erzböβwicht hat man aber noch anno 1681 nicht bekommen.

Der Schinderjackl soll den Legenden nach auch die Fähigkeit besessen haben, sich in einen Wolf zu verwandeln, zu fliegen und sich mithilfe eines »schwarzen Käppls« oder eines magischen Pulvers unsichtbar machen zu können (vor dieser »Gabe« wurde sogar auf Jackls Steckbrief gewarnt). So soll er ungesehen Nahrung organisiert und Opfer ausspioniert haben. Vermutlich hat man ihm diese Eigenschaften deshalb angedichtet, weil er nie gefasst werden konnte. Darüber hinaus sagte man ihm nach, dass er unverwundbar wäre.

Es heißt außerdem, dass Jackl und seine Buben Unmengen an Nagetieren anlockten, die die Getreidevorräte der reichen Bauern auffraßen, und jede Art von Schadenzauber betrieben. Breiten Raum in den Vorwürfen gegen die Bande nahm auch die Schmähung von heiligen Bildnissen ein – die Knaben sollen angeblich öffentlich zugängliche Bildsäulen, Kruzifixe und Marterln angespien, anuriniert und mit Kot beworfen haben.

Als man die Suche nach Jakob Koller aufgab, wurden zugleich sämtliche Verfolgungen gegen Hexen und Zauberer im Land Salzburg eingestellt. Dies allerdings sicher nicht nur, weil in der Epoche der Frühen Neuzeit die Grausamkeiten des Mittelalters endgültig der Vergangenheit angehören sollten, sondern vor allem aus finanziellen Gründen: Einerseits waren Menschen »geschmiert« worden, um Verdächtige zu beschuldigen, andererseits mussten diejenigen bezahlt werden, die von sich aus Personen denunzierten, um ihren eigenen Kopf aus der Schlinge zu ziehen. Die größte finanzielle Belastung stellte allerdings die Bezahlung der Gerichtsdiener dar, die für ihre »Bemiehungen« fürstlich entlohnt wurden. Pro Jahr betrugen die »Malefizunkosten« etwa 3.000 Reichstaler – Kosten, die zu einem Großteil die Salzburger Hofkammer, das Salzburger Stadtgericht und die einzelnen Landgerichte zu tragen hatten. Das von den meist verarmten Verurteilten konfisziertes »Vermögen« minderte diese Ausgaben nur geringfügig.

Diesen letzten grausamen »Zauberbuben-Prozessen« im Land Salzburg widmete die junge Regisseurin Sabine Bauer ihren dreißigminütigen Film »Hast du den Zauberer Jackl gekannt?«, der 2008 im Kino lief. Bei dieser Frage handelt es sich um die ersten Worte, die beim Verhör an die festgenommenen Mitglieder der Zaubererbande gerichtet wurden. Wurde unter dem Druck der Folter mit »Ja« geantwortet, hieß es: »Das war dein Todesurteil!«

Der Drehbuchautor Felix Mitterer hat außerdem 1989 Ausschnitte aus den Verhörprotokollen zum Theaterstück »Die Kinder des Teufels« verarbeitet.

Und die »Kinder des Teufels« treiben offensichtlich noch heute in der Stadt Salzburg ihr Unwesen, wie mir sowohl Einheimische als auch Touristen erzählten. Am häufigsten gibt es Sichtungen rund ums Rathaus (Rathausplatz 1/ Kranzlmarkt 1) und in der Getreidegasse.

Karen Ridney aus den USA hat in einem Forum ihr Erlebnis gepostet, woraufhin ich sie kontaktiert und interviewt habe. Folgende Geschichte hat mir die 43-jährige Pharmazeutin aus Denver, Colorado, erzählt (ins Deutsche übersetzt):

»Mein Mann Kevin und ich haben im Frühling 2012 die Mozartstadt Salzburg besucht. Das war schon immer ein großer Wunsch von uns gewesen, da wir die Musik dieses großartigen Künstlers lieben.

Wir wohnten in einer kleinen Pension am Stadtrand und fühlten uns dort sehr wohl. An unserem letzten Tag schlenderten wir wieder einmal durch diese reizende Getreidegasse in der Innenstadt, als plötzlich jemand meinen Ehemann am Ärmel zupfte. Doch direkt neben ihm ging niemand. Er lachte und meinte: ›Darling, hier spukt es!‹

Ein paar Sekunden später quietschte hinter mir eine junge Frau auf, eine andere neben mir blickte irritiert auf ihre Handtasche, die auf ihrem Arm wild hin- und herschaukelte. Ein kleiner Junge vor uns begann zu weinen und schrie dann: ›Lasst mich los!‹ Ich sah, dass sein Arm leicht vom Körper abstand und er ihn mit Gewalt an sich zu pressen versuchte. All diese skurrilen Dinge ereigneten sich innerhalb rund einer Minute, danach war alles vorüber und die Leute gingen nach einigem Geraune und Kopfschütteln wieder ihrer Wege. Nur der kleine Bub vor uns schluchzte weiter, obwohl ihn seine Mutter zu beruhigen versuchte. Kevin lachte nicht mehr und meinte: ›Honey, hier spukt es wirklich. Und zwar ganz gewaltig!‹

Ich nickte und bat meinen Mann, ein letztes Mal in unsere ›Stamm-Konditorei‹ einzukehren, um mich mit meinem ›Lieblings-Menü‹, einer Melange, einem Cognac und einem Stück Sachertorte, von dem Erlebten abzulenken. In dem Kaffeehaus, das wir während unseres Salzburg-Aufenthalts beinahe täglich besucht hatten, erzählten wir dem Kellner Fritz von den Vorkommnissen in der Getreidegasse. Der lächelte wissend, sagte aber kein Wort.

Da wir uns den letzten Tag in der Mozartstadt aufhielten, blieben wir bis zur Sperrstunde um 22 Uhr sitzen und tranken Cognac. Als sich niemand mehr im Lokal befand, setzte sich Fritz zu uns an den Tisch und vertraute uns an, dass immer wieder Touristen Ähnliches erlebten und in der Konditorei davon berichteten. Die Einheimischen würden gar nicht mehr darüber reden, meinte er, die wären das schon gewohnt. Als ich fragte, was genau sich da vor unseren Augen abgespielt hatte, erzählte uns der Kellner vom Jackl und seinen Zauberbuben, die vor langer Zeit durchs Land zogen, Diebstähle begingen, schließlich jedoch gefangen, im nahe gelegenen Salzburger Rathaus verhört und letztlich hingerichtet wurden. Offensichtlich, so haben Kevin und ich das jedenfalls gedeutet, sind die Seelen der Kinder noch nicht erlöst und als Geister rund um ihr einstiges Gefängnis unterwegs. ›Das waren arme Jungen, die zu Hause oft eingesperrt und geschlagen wurden‹, berichtet Fritz, ›beim Jackl konnten sie wenigstens für kurze Zeit frei sein und ohne Prügel leben.‹

Im Hotelzimmer habe ich um die Zauberbuben geweint, die sich noch heute auflehnen, indem sie hin und wieder in der Getreidegasse ihr Unwesen treiben. Ich möchte gerne bald wieder nach Salzburg reisen, mit einem bekannten Medium, das wie ich in Denver lebt. Vielleicht können wir die Kinder erlösen.«

Sankt Koloman:
Wilhelmskapelle

Es wohnt in den Bäumen

6 Sankt Koloman, eine Gemeinde im Tennengau (Bezirk Hallein) mit etwa 1.600 Einwohnern, liegt an einem Hochplateau des Salzachtals zwischen Kuchl und Vigaun.

Das erste Mal urkundlich erwähnt wurde der Ort am 8. Juni 1506, da an diesem Tag die Pfarrkirche dem hl. Koloman geweiht wurde. Das gotische Gotteshaus fing am 15. Dezember 1768 Feuer, als man die vereiste Turmuhr mit glühender Kohle aufzutauen versuchte. Die Bevölkerung konnte nicht mehr rechtzeitig alarmiert und zu Hilfe gerufen werden, da die Stricke zum Läuten der Glocke bereits abgebrannt waren.

Im Juni 1769 wurde mit der Errichtung der neuen Kirche im Barockstil begonnen, im September 1805 erfolgte deren Einweihung.

Sankt Koloman wurde als letzte Gemeinde des Bundeslandes Salzburg ans öffentliche Stromnetz angeschlossen, nämlich erst im Jahr 1950.

In den Medien aufgetaucht ist die Gemeinde zuletzt mit einem Erdrutsch im Tauglboden (neben Taugl und Oberlangenberg einer der drei Ortsteile) im Jahr 2002 und danach mit einem schweren Unwetter am 2. Juli 2008.

Bei Koloman, dem die Pfarrkirche der Gemeinde im Tennengau gewidmet wurde, handelte es sich angeblich um einen irischen Königssohn, der sich auf Pilgerreise nach Jerusalem befand, als ihn Soldaten am 17. Juli 1012 in der Nähe von Stockerau gefangen nahmen. Der Wanderer war zwischen die Fronten von König Heinrich II. und Herzog Boleslaw I. Chrobry von Polen geraten und aufgrund seines fremdländischen Aussehens für einen böhmischen Spion gehalten worden. Mithilfe von Foltermethoden wie Geißelung oder Zwicken mit glühenden Zangen, die Legende spricht sogar vom Durchsägen der Schienbeine bei lebendigem Leibe, wollte man ein Geständnis erzwingen und dem Mann geheime Informationen entlocken. Da jedoch niemand Kolomans Sprache verstand, einigten sich die Peiniger kurzerhand darauf, das suspekte Individuum im Auwald zu erhängen.

Als zum Tode Verurteilter wurde Koloman nicht begraben, sondern im Gebüsch liegen gelassen, und so war zu beobachten, dass sein Leichnam auch nach einiger Zeit keine Verwesungsmerkmale zeigte. Ein paar Männer hielten das für ein Zeichen, dass der Ire unschuldig gewesen sein musste, und begruben ihn im Wald. Andere Quellen sprechen von einer Bestattung in der damals relativ neu erbauten Pfarrkirche Stockerau, wo heute das Kloster St. Koloman steht. Als sich dann zahlreiche Wunder in der Umgebung ereigneten und Kolomans letzte Ruhestätte sogar vom Wasser, das über die Ufer der Donau trat, verschont blieb, ließ eine Kommission das Grab öffnen und fand die Leiche noch immer unverwest vor. 1014 veranlasste Heinrich I. daraufhin die Überführung des Körpers nach Melk, wo die Gebeine des offiziell nie heiliggesprochenen Koloman in dem damals dort befindlichen, vermutlich im 10. Jahrhundert errichteten Pfalzstift (heute Stift Melk) bestattet wurden.

Der wie ein Heiliger verehrte irische Pilger gilt als Schutzperson für Gehenkte, Reisende und Vieh, wird außerdem für die Abwehr von Kopf- und Fußleiden, Pest, Unwetter und Mäuseplagen angerufen. Koloman war sogar Landespatron von Österreich, bis ihn der hl. Leopold ablöste. Er blieb aber weiterhin der Patron von Stockerau und des Stifts sowie der Stadt Melk.

Rudolf IV., offensichtlich ein Verehrer des mutmaßlichen Königssohns, ließ im Jahr 1362 für ihn ein prunkvolles Grabmal in Melk errichten. Ein Jahr zuvor hatte er den Kolomanistein in Messing fassen und ins Bischofstor des Wiener Stephansdoms einmauern lassen, wovon eine lateinische Inschrift am Rahmen zeugt. Dahinter hatte der Herrscher

zahlreiche Reliquien verborgen, außerdem einen Pergament-
streifen, auf dem stand, dass sich auf dem Stein Blutspuren
von Koloman befanden. Die Achsen der Virgilkapelle, einer
unterirdischen Krypta neben dem Stephansdom, sind mit
dem Sonnenstand auf den Namenstag von Koloman ausge-
richtet, daher wird allgemein angenommen, dass eine Überführung seiner Gebeine in den Stephansdom geplant war.

Dem irischen Pilger sind noch etliche weitere Gotteshäu-
ser in Österreich, Bayern und Schwaben gewidmet, beispielsweise in Niederösterreich die Burgkapelle der Ruine
Aggstein in der Wachau und die Pfarrkirche in Laab im Wal-
de. Darüber hinaus existieren zahlreiche Gnadenstätten wie
etwa der Kolomanistein bei Eisgarn im Waldviertel.

Der Seewaldsee befindet sich auf einer kleinen Hochebene
am südlichen Abhang des Trattbergs im Gemeindegebiet
von Sankt Koloman. Er ist rund 420 Meter lang, 130 Meter
breit, elf Meter tief und bedeckt eine Fläche von etwa vier
Hektar.

Das auf über 1.100 Meter Seehöhe gelegene dunkle
Gebirgsgewässer liegt in einem Naturschutzgebiet, eingebet-
tet in eine Talmulde, umgeben von Wäldern und Wiesen. An
seinen Ufern und in der Umgebung findet man seltene Pflan-
zenarten, die zur Moor- und Sumpfvegetation zählen, etwa
Fieberklee, Blutauge, Sonnentau, Sumpfveilchen, Blaues Pfei-
fengras und Rosmarinheide.

Vom 12. Bis 16. November 2008 stellte der wildroman-
tische Seewaldsee eine der Kulissen für den Hollywoodfilm
»Der letzte Tempelritter« mit Nicolas Cage dar.

Zwischen Sankt Koloman und dem Seewaldsee liegt mitten im Zimmereckwald unter einer Felswand die sagenumwobene Wilhelmskapelle, von der man nicht genau weiß, wann sie ursprünglich erbaut wurde. Wahrscheinlich ist, dass dies zu Beginn des 17. Jahrhunderts geschah – damals hieß sie »Hittl bei der Fagerwand«. 1686 hat man sie nach einer Zerstörung neu aufgebaut, 1692 nach einem Gerichtsbeschluss in Brand gesteckt, danach erneut wiederhergestellt. Zuletzt ist das kleine Gotteshaus im Jahr 1851 neu errichtet worden. Die Glocke aus einem früheren Bau hängt heute im Museum Burg Golling.

Es handelt sich bei der Wilhelmskapelle um ein schindelverkleidetes Blockhaus mit Satteldach, die dem hl. Wilhelm (um 745 – 812), auch Wilhelm von Aquitanien, einem ehemaligen Krieger und späteren Klostergründer und Laienbruder, gewidmet ist. Er gilt auch als Schutzheiliger der Waffenschmiede. Wilhelm, der bis zu Beginn des 9. Jahrhunderts Karl dem Großen diente und danach eine Abtei in Frankreich gründete, hatte elf Kinder, von denen zwei im Jahr 834 wegen Zauberei verurteilt und hingerichtet wurden. Literarisch erwähnt wird der ehemalige Kämpfer, den man im Jahr 1066 heiligsprach, in der fragmentarischen Verserzählung »Willehalm«, verfasst von Wolfram von Eschenbach, die zu Beginn des 13. Jahrhunderts vom Thüringer Landgrafen Hermann in Auftrag gegeben worden war.

Der Legende nach ist bei der Verbrennung der Kapelle 1692 im Feuer das Antlitz des hl. Wilhelm erschienen. Als man versuchte, auf dieses einzustechen und es in die Flammen zurückzustoßen, soll der Mann »erkrummt« sein.

Wallfahrtsziel zahlreicher Gläubiger war jahrhundertelang allerdings nicht die Kapelle im Wald, sondern die Fagerwand mit ihrem mysteriösen Felsspalt, dem Fagerstein, in den die Pilger ihr Opfergeld warfen, wenn sie darum baten, dass erkranktes Vieh gesund werden sollte. Diese Stelle gilt als jahrtausendealte keltische Kultstätte und zählt zu den rätselhaftesten Orten Salzburgs. Der Besuch dieses Platzes war Pilgern allerdings lange Zeit verboten, weshalb die Wallfahrten heimlich geschahen.

Besonders interessant ist diese Gegend auch für Geomantiker, die die Energie der Erde (mit Werkzeugen aus dem Hause Esoterik) »messen« und in Bezug auf die (unwissenschaftlichen) Ergebnisse gewisse (nicht beweis-, aber auch nicht widerlegbare) Aussagen hinsichtlich positiver oder negativer Auswirkungen auf die Natur und den Menschen treffen.

Die Gegend rund um die Wilhelmskapelle gilt jedenfalls als Kraftort, wobei mit Sicherheit jeder Mensch individuell für sich entscheiden muss, ob und welche Kräfte, sprich Energien, an dieser Stelle auf ihn oder gar universell wirken. Unter Umständen fördern gewisse Strahlungen auch die Sichtigkeit in Bezug auf Lebewesen aus einer anderen Dimension … Man weiß es nicht!

Christian Gussmann ist davon jedenfalls mittlerweile überzeugt und glaubt daran bis heute, obwohl er davor laut seiner Ehefrau »der größte Skeptiker auf Gottes weiter Welt« war, was übersinnliche Phänomene betrifft.

Der 42-jährige Werbegrafiker aus Vigaun, einer kleinen Gemeinde nahe Sankt Koloman, erzählte mir von seinem Erlebnis nahe der Wilhelmskapelle:

»Ich gehe oft in dieser Gegend spazieren und lasse mich von der Natur, ihrer Vielfalt, ihren Farben und Mustern inspirieren. Mein Weg führt mich meist auch zur Wilhelmskapelle, die eine mystische Aura umgibt. Heute sehe ich das so. Früher war es für mich nur irgendein Bauwerk mitten in einem schönen Wald. Man geht zwischen Felsbrocken hindurch, um zu dem Gotteshaus zu gelangen, und spürt bereits dort die faszinierende Energie dieses Ortes. Angeblich herrscht am Altar der Kapelle eine besonders starke Strahlung, die ich jedoch noch nie wahrgenommen habe. Ich spüre die Kraft, die dort wirkt, allerdings im Wald, und das mittlerweile sehr heftig. Besonders stark fühle ich gewisse sehr positive Schwingungen auf dem Weg von der Seewaldstraße zu dem kleinen Gotteshaus, wo der Pfad eine weitflächige Kurve beschreibt. Heute weiß ich, dass sich vor rund zweitausend Jahren dort ein keltischer Kultplatz befand, wo der Weise des ansässigen Stammes eine Art Beratung durchführte.

Irgendwie erdrückend ist die Atmosphäre hingegen direkt am Fuße der Fagerwand. Es wird erzählt, dass dort einst Hexen verurteilt und hingerichtet wurden. Auch Glaubenskämpfe dürften an dieser Stelle stattgefunden haben. Seit einigen Jahrzehnten werden an diesem Platz Julfeste gefeiert, in den Zeiten des Nationalsozialismus zu Ehren des germanischen Ahnerbes, heute in Form eines Heidenrituals. In der Nähe befindet sich eine Fichte, deren Wurzeln eine Aushöhlung bilden. Dort ist einmal eine »heilige Quelle« entsprungen. Angeblich gibt es auch erdmagnetische Abweichungen in dieser Gegend.

An besagtem Nachmittag im August 2005, als mir diese Sache passierte und ich meine Meinung in Bezug auf übersinnliche Phänomene geändert habe, wollte ich nach einer stressigen Arbeitswoche ein bisschen abschalten und mich beim Spazierengehen im Zimmereckwald entspannen. Obwohl die Temperaturen im 30-Grad-Bereich lagen, war es im Wald angenehm kühl. Ein leichter Luftzug fuhr durch die Bäume und die Vögel zwitscherten.

Ich schlenderte den Weg entlang und genoss die beschauliche Natur um mich herum, als ich plötzlich meinte, meinen Namen zu hören. Als ich mich umdrehte, um zu schauen, wer sich da hinter mir befand, war jedoch niemand zu sehen. Kopfschüttelnd ging ich weiter und glaubte, mir den Ruf nur eingebildet zu haben. Kaum war ich ein Stück weiter, raschelte es oben in einer Baumkrone und erneut sagte jemand laut und deutlich »Christian«.

Ich blieb stehen, hob meinen Kopf und erblickte zwischen den Blättern die durchsichtige, aber umrandete Silhouette einer kleinen Gestalt, die für den Bruchteil einer Sekunde sichtbar wurde. Wieder schüttelte ich den Kopf und marschierte weiter, dachte an eine optische Täuschung, hervorgerufen beispielsweise durch die Reflexion der Sonne, die durch die Baumkrone geschimmert und sich irgendwie in den Blättern gespiegelt haben musste. Außerdem war ich beim Hinaufschauen von den grellen Strahlen geblendet, sodass ich ganz leicht einem Trugbild aufgesessen sein konnte. Beim Weitergehen überkam mich allerdings das Gefühl, beobachtet zu werden, auch wenn vorläufig nichts mehr passierte.

Ungefähr eine Viertelstunde später vernahm ich plötzlich ein leises Kichern, wie von kleinen Kindern. Ich dachte, ein paar von ihnen hätten sich hinter den Bäumen versteckt und beobachteten mich amüsiert, deshalb rief ich: ›Okay, ich hab euch gehört, ihr könnt hervorkommen!‹ Da raschelte es wieder, direkt über meinem Kopf in einer Baumkrone. Als ich hochsah, erblickte ich eine durchsichtige, gelartige Masse, die aussah wie ein Männchen, das zwischen den Ästen herumturnte. Daneben war ein weiteres Wesen – und noch eines! Verwirrt rieb ich mir die Augen, und als ich erneut hinschaute, waren die Gestalten verschwunden. Das war der Moment, in dem ich beschloss, umzukehren und nach Hause zu fahren.

Grübelnd ging ich zum Auto zurück, wobei ich immer wieder ein Rascheln und Kichern über mir vernahm. Ich fragte mich die ganze Zeit, was ich da hörte und vorher gesehen hatte. Dass die Gegend um die Wilhelmskapelle als besonders mystisch gilt, wusste ich. Aber das war mir vorher eigentlich immer egal gewesen. Später habe ich im Internet über den Ort recherchiert und so einiges über den keltischen Kultplatz herausgefunden. Doch das erklärt nicht mein Erlebnis, das definitiv meine Sichtweise verändert hat. Ich bin heute viel offener gegenüber übersinnlichen Erscheinungen und Vorkommnissen, belächle Menschen nicht mehr, wenn sie davon berichten. Außerdem sind meine Sinne geschärft worden, ich gehe heute wesentlich aufmerksamer durchs Leben als früher, spüre dadurch auch sehr viel mehr an Energie als vor diesem Tag im August 2005. Ich bin immer noch gerne im Zimmereckwald, ich fühle die Kraft, die dort vorherrscht. Aber gesehen oder gehört habe ich seither nie wieder etwas, auch wenn ich nun weiß, dass dort irgendetwas in den Bäumen wohnt.«

Tennengau:
Lammertal, Aualm
und Tennengebirge

Keifende Weiber, ein Hüttengeist
und der Eisriese

7 Das Lammertal liegt zwischen dem Tennengebirge, dem Dachsteinmassiv und der nördlich anschließenden Osterhorngruppe in etwa 1.370 Meter Seehöhe und ist benannt nach der Lammer, einem Nebenfluss der Salzach. Bei dieser Landschaft handelt es sich neben dem Salzburg-Halleiner Becken um einen der beiden Hauptsiedlungsräume des Tennengaus im Land Salzburg. Bekannt ist das Lammertal neben den beliebten Wanderwegen für seinen »Urwald« in St. Martin. Diese Region verfügt dank einer günstigen Hanglage über hervorragende klimatische Bedingungen und eine ausgezeichnete Bodenbeschaffenheit, weshalb hier die höchsten Bäume Mitteleuropas wachsen. Die prächtigste Pflanze stellt der »Lammertaler Wächter« dar, eine 48 Meter hohe und 300 Jahre alte Tanne.

Erreichbar ist der »Urwald« (Besichtigung von Mai bis Oktober) entweder über den Wanderweg vom Seepark St. Martin aus oder ab dem Spießalm-Parkplatz (Einfahrt ins Lammertal über Lungötz). Beide Wanderwege führen vorbei an bunten Blumenwiesen, bewirtschafteten Berghütten und saftigen Weiden mit grasenden Kühen.

Aber auch auf einem derart idyllischen Fleckchen Erde ging es nicht immer harmonisch zu, wie eine alte Heimatsage aus längst vergangenen Zeiten belegt:

Im obersten Lammertal stehen nur mehr wenige Bauernhöfe. Karg ist der Talboden hier schon geworden und unvermittelt ragen die Gipfel des Tennengebirges in den Himmel. Nur mehr wenig Wald trennt die Hochregion vom Talboden. Dort stehen zuletzt nur noch zwei Häuser, stattliche breite Gehöfte. Eng stehen sie beieinander, sie sind ja auch aus nur einem Gut, dem »Lammerthal«, hervorgegangen. Zwei Häuser in enger Nachbarschaft geben sich gegenseitig Schutz und Hilfe, aber die Nähe gibt auch Anlass zu mancherlei Streit.

Da gibt es Hühner und Kinder auf Bauernhöfen und die kümmern sich wenig um genaue Besitzgrenzen. Man kann kleine Reibereien mit gütiger Nachsicht bereinigen, und der Nachbar wird es das nächste Mal auch so halten, aber ein spitzes Wort, über den Zaun geworfen, kommt drüben als böse Saat an

und keimt und sprießt und wird zum Baum mit bitteren Früch-
ten, die zu beiden Seiten des Zaunes zu Boden fallen. Es sind vor
allem die Frauen, die im engen häuslichen Bereich sich von sol-
chen Früchten nähren, bis sie ganz davon erfüllt sind.

So hielten es auch einst zwei Bäuerinnen auf den Höfen im
Lammertal. Die Wände des Tennengebirges hallten wider vom
lauten Streit der Bäuerinnen. »Hofweiber« wurden sie von
den Nachbarn verächtlich genannt, und im weiten Umkreis
sprach man davon und mied die beiden Höfe. Die Feindschaft
stank schon zum Himmel. Schließliche erbarmte sich Gott die-
ses Jammers und setzte die beiden verfeindeten Hofweiber
hinauf auf den Hofschober hinter den beiden Häusern. Dort
stehen sie nun als kahle Felsen, in der Nachbarschaft zwar,
aber stumm für alle Ewigkeit.

(Quelle: Tourismusverband St. Martin)

Die beiden Frauen streiten heute offensichtlich immer noch
von Zeit zu Zeit – zumindest wurde im April 2009 von zwei
jungen Leuten lautes Gezanke nahe einer kahlen Felsen-
wand im Lammertal vernommen. Das berichtete mir die
Kindergärtnerin Carina, 25 Jahre alt.

»Mein zwei Jahre älterer Freund Josef und ich sind schon seit
unserer frühesten Jugend ein Paar und hatten schon immer
viel Freude am Wandern, da wir beide auf dem Land aufge-
wachsen sind. Vor drei Jahren mussten wir aus beruflichen
Gründen in die Stadt Salzburg ziehen, aber unsere Liebe zur
Natur führt uns fast jedes Wochenende auf die Wiesen und
in die Wälder unserer Heimatorte.

So kam es, dass wir auch an diesen klaren Sonntagvormittag im April durch das Lammertal spazierten, begeistert von der wunderschönen Landschaft, der frischen Luft und dem Vogelgezwitscher in den Baumkronen.

Als wir bereits zwei Stunden unterwegs waren, verstummte die Natur so plötzlich, als hätte man einen Schalter umgelegt. Es war auf einen Schlag totenstill geworden. Außerdem spürten wir auch nicht die geringste Regung in der Luft, keinen noch so kleinen Hauch … absolut nichts!

Auf einmal begannen zwei hohe Stimmen laut loszukreischen. Zutiefst erschrocken hielten wir uns die Ohren zu, was aber nicht viel brachte. Das Geschrei, bei dem es sich offensichtlich um ein Wortgefecht zwischen zwei Frauen handelte, fand in einer uns unverständlichen und doch irgendwie vertrauten Sprache statt. Nach einer kurzen Zeit des Einhörens konnten wir sogar einzelne Worte erkennen und verstehen. Ich konnte mir damals einiges merken und daher zu Hause nachschlagen – es muss sich um Alt- oder Mittelhochdeutsch gehandelt haben.

Wir hatten zu diesem Zeitpunkt freie Sicht auf die gesamte Umgebung, konnten aber auf der Wiese, durch die unser Weg führte, niemanden sehen. Es stand auch weit und breit kein Haus. Weiter hinten befand sich rechter Hand ein Wald, linker Hand eine Felswand. Doch hätten sich bei den Bäumen Menschen aufgehalten, verdeckt vom dichten Blattwerk, wären ihre Stimmen an dem Ort, wo wir uns befanden, niemals so laut zu hören gewesen.

Die gesamte Situation war nicht nur unheimlich und gruselig, sie war wirklich Furcht einflößend! Wir waren jedoch beide so geschockt, dass wir gar nicht auf die Idee kamen, wegzulaufen. Wir sind nur dagestanden, haben zugehört und uns dabei verwirrt und ängstlich angeschaut.

Nach gefühlten Stunden – in Wirklichkeit dürften maximal drei Minuten vergangen sein – rief Josef mit bebender Stimme: ›HALLO? Ist da jemand?‹ Da wurde es plötzlich für einen kurzen Moment mucksmäuschenstill. Gleich darauf waren ein unverständliches Flüstern und leises Kichern zu hören, also würde jemand über uns reden und uns verspotten.

Das fand ich noch gruseliger als das laute Streiten. Ich schnappte nach der Hand meines Freundes und zog ihn hinter mir her Richtung Straße. Ein paar Meter vor einem Hof, der einsam in der Landschaft stand, setzte plötzlich ein leichter Wind ein, es raschelte das Laub in den Bäumen und Büschen und die Vögel zwitscherten um die Wette: Die Natur hatte ihre Geräusche wieder!

Seit diesem Vorfall sind mittlerweile bereits einige Jahre ins Land gezogen, aber es vergeht kaum eine Woche, in der ich nicht mindestens einmal an dieses seltsame Phänomen im Lammertal denke und dabei Gänsehaut bekomme. Wir können uns bis heute nicht erklären, was dort damals tatsächlich passiert ist, aber das ist vermutlich auch besser so … Man muss nicht alles wissen. Was ich aber weiß, ist, dass ich so etwas nie wieder erleben möchte.«

Im hintersten Lammertal befindet sich die 347 Hektar große Aualm, die seit 1949 dem Missionshaus St. Rupert in Bischofshofen gehört und als Weidefläche und Jagdgebiet

dient. Pächter der Aualm ist das Österreichische Bundes-
heer, das sie ab Mitte der 1950er-Jahre bis 2009 als Truppenübungsplatz genutzt hat. Neben etlichen Mannschaftsunter-
künften, Versorgungsobjekten und Schießanlagen gibt es
auf der Fläche ein Almgebäude (Lammertal 56), das aber
nicht mehr für die Bewirtschaftung genutzt wird.

Zur Aualm existiert folgende Geschichte, die sich einst
tatsächlich so zugetragen haben soll:

*Vor langer, langer Zeit lebten auf der Aualm ein gottesfürchti-
ger Mann und ein Geist in bestem Einvernehmen in der Hütte
des Bergbauern, obwohl sich die Spukgestalt mehr und mehr
nach Erlösung sehnte. So sprach das jenseitige Wesen eines
Tages: »Du kannst mir helfen, wenn du meinen Worten genau
Folge leistest: Bete wie bisher, dann wird dir nachts einmal eine
Schlange erscheinen, die einen goldenen Schlüssel zwischen
ihren Giftzähnen trägt. Wenn du den Mut hast, ihr diesen zu
entreißen, wird sich die Schlange in eine wunderschöne Jungfrau verwandeln. Erklettere dann die Höhe des Berges. Kurz
vor dem Gipfel wirst du ein großes eisernes Tor finden. Wenn
du dieses mit dem goldenen Schlüssel aufsperrst, so werden dir
auf dem Weg in das Innere des Berges Geister entgegentreten
und dir Gold, edle Steine und Fürstenkronen anbieten. Du aber
sprichst immer nur: »Ich will nichts als die Jungfrau.‹«*

*Der Bergbauer dachte sich, dass wohl sein Hausgespenst
selbst die Jungfrau sei und sich durch diese Tat Erlösung
erhoffte, und so wollte er seinem Mitbewohner diesen Gefallen
erweisen. Er tat also alles wie erbeten, nahm den Schlüssel an
sich, kletterte auf den Berg, öffnete das Tor und lehnte alle*

Schätze ab, die ihm von den Berggeistern angeboten wurden. Doch plötzlich stellte sich dem braven Mann ein Knabe in den Weg, der auf einer silbernen Zither eine liebliche Melodie spielte. Da vergaß der Bergbauer alles um sich herum und dachte, dass ihm das Musikinstrument mehr bedeuten würde als die schönste Jungfrau. Da fegte ein Sturm durch den Berg und riss den Mann aus der Höhle, während hinter ihm eine Stimme sprach:

»Du konntest erlösen mich, weh mir!
Du konntest beglückt sein, wehe dir!
Nun bin ich verloren, verloren bist du
und findest im Leben nie wieder Ruh!«

Verschreckt eilte der Bergbauer zu seiner Almhütte zurück, doch diese war spurlos verschwunden – ebenso wie der Geist. Weder das Haus des Mannes noch sein gespenstischer Mitbewohner sind jemals wieder aufgetaucht.

Mittlerweile scheint der unerlöste Geist jedoch wieder aufgetaucht zu sein, denn seit Jahren wird von Wanderern im Lammertal, stets in der Nähe dort befindlicher Hütten, unter anderen auch bei der am ehemaligen Truppenübungsplatz des Bundesheers, ein seltsames Phänomen beobachtet, das auf die Existenz des jenseitigen Wesens aus der Sage hindeutet.

Beispielsweise berichtete eine Familie von einer Gestalt, die sie im August 2007 lautstark schnaufend auf ihrer Wanderung über die Aualm verfolgte. Das »Gespenst« hat dabei seine Schrittgeschwindigkeit stets dem Tempo angepasst, das die vier Personen vorlegten, ohne jemals die Entfernung zu verändern. Zu sehen wäre nichts gewesen, versicherten mir Peter F., seine Frau Luise sowie die damals 15-jährigen Zwillingsbrüder Tom und Micha – nur zu hören. »Nach einiger Zeit«, erzählt der 45-jährige Peter, der als Kinderarzt in einer Wiener Gemeinschaftspraxis arbeitet und an alles Mögliche glaubt, aber sicher nicht an Spuk, wie er versichert, »als wir wieder einmal etwas schneller marschierten, weil es die Jungs schon mit der Angst zu tun bekamen, bog das ›Ding‹ ab und verschwand raschelnd in einem Brombeerstrauch.«

Aber auch die Hüttenwirtin Monika Richter hat schon Bekanntschaft mit dem Geist von der Aualm gemacht. Sie vertraute mir an, dass sie vor allem in der Dämmerung öfter so etwas wie schwere Schritte vor der Eingangstüre hört. Manchmal würde auch jemand wieselflink mehrere Runden um das Haus drehen. Erblickt hätte sie allerdings noch nie etwas, egal, wie oft sie hinausläuft oder ein Fenster öffnet, um nachzusehen.

Im Lammertal und Umgebung scheint es jedenfalls tatsächlich an einigen Orten ganz heftig zu spuken. Begonnen haben die mysteriösen Vorkommnisse offenbar schon vor einigen, vielleicht auch schon vor vielen Jahren. Mir liegt eine Erzählung aus dem Jahr 1997 vor, als der heute 75-jährige Witwer Walter Mankel aus Wien bei einem Ausflug in die Eisriesenwelt im Tennengebirge von einer überirdischen Gestalt vor einem Unglück bewahrt wurde.

»Im Juli des Jahres 1997 unternahm ich mit meinen beiden Enkelinnen, Claudia und Beatrix, die damals 12 und 13 Jahre alt waren, einen Ausflug in die Eisriesenwelt. Es handelt sich dabei um ein Höhlensystem im Tennengebirge nahe dem Ort Werfen, das 1879 entdeckt wurde und mit einer Gesamtlänge von 42 Kilometer als die größte Eishöhle der Welt gilt.

Dort angelangt wollten die Mädchen plötzlich nicht mehr hineingehen, weil sie einen kalten Wind beim Eingang gespürt hatten. Ich erklärte ihnen, dass es sich dabei nur um die kühle Luft aus dem Inneren des Berges handelte, und versprach den beiden ein tolles Erlebnis, sodass sie letztendlich zustimmten, die Höhle zu betreten.

Nach einer kurzen Einweisung durch den Führer begann unsere Tour. Wir waren alle sehr beeindruckt von den prächtigen Eisgebilden, die sich vor uns auftürmten, und von den Wänden hallten entzückte ›Aaaahs‹, ›Ohhhs‹ und ›Wows‹ wider, auch von meinen beiden Mädels. Doch nach etwa zehn Minuten Wanderung über die Holzplanken meinte ich plötzlich, hinter den Eismassen einen riesigen, sicher zweimannshohen Schatten zu sehen, der praktisch neben uns herlief. Zuerst dachte ich an einen Lichteffekt, aber aus technischer Sicht wäre das nicht machbar gewesen. Neugierig fragte ich zwei etwa zwanzigjährige Damen, ob sie den Schatten auch sähen, doch die beiden verneinten überrascht und sahen mich mit einem dieser Blicke an, die sich ältere Leute von jungen öfters einfangen. Ich zuckte mit den Schultern und beschloss, die Sache auf sich beruhen zu lassen.

Rund fünf Minuten später spürte ich jedoch, wie jemand an meinen Rucksack zog. Doch als ich mich umdrehte, befand sich niemand hinter mir, da Claudia, Beatrix und ich die Nachhut bildeten. Zuerst dachte ich, dass mir die Mädels vielleicht einen Streich spielten und von mir unbemerkt nach hinten griffen. Doch die beiden gingen immer vor mir, auch in dem Moment, als jemand oder etwas erneut an der Tasche auf meinem Rücken zupfte. Insgesamt passierte es fünf Mal. Schließlich blieb ich stehen und nahm genervt und laut vor mich hinnörgelnd den Rucksack ab und trug ihn in der Hand weiter. Ich glaube, meine Enkelinnen haben sich in dem Moment tüchtig für mich geschämt.

Nach der Tour nahm mich der Führer zur Seite und fragte mich, was denn los gewesen sei. Ich flunkerte etwas von einem lockeren Trageriemen und verabschiedete mich rasch, weil ich mich wegen meiner Gereiztheit genierte. Außerdem lag mir die Erinnerung an den riesigen Schatten im Magen, der bis zum Schluss hinter dem Eis neben uns hergelaufen war.

Drei Stunden später setzte ich meine Enkelinnen zu Hause ab und bewegte meine rote Rostlaube durch den einsetzenden Regen heimwärts. Ich befand mich auf einer wenig befahrenen Landstraße durch ein langes Tal, als plötzlich jemand oder etwas an meinem Sicherheitsgurt zerrte. Gleich darauf spürte ich einen kalten Luftzug im Gesicht. Erschrocken trat ich auf die Bremse und hörte fast im selben Augenblick hinter mir das Quietschen von Reifen. Ich warf einen Blick in den Rückspiegel und sah einen fluchenden und heftig gestikulierenden Mann in seinem Auto sitzen. Er hatte gerade noch rechtzeitig halten können und ich winkte ihm entschuldigend durch das Rückfenster zu. Einmal tief durchgeatmet setzte ich meinen Pkw sofort wieder in Bewegung. Ich zog an meinem Gurt, um zu ergründen, was die Bewegung vorher ausgelöst haben konnte. Doch nach etwa fünf Sekunden musste ich schon wieder abrupt stehen bleiben, weil ich sonst auf den Stau aufgefahren wäre, der sich hinter der nächsten Kurve gebildet hatte.

Wäre ich so schnell unterwegs gewesen wie vor meinem ersten Anhalten, wäre ich in das Auto vor mir gekracht oder zumindest auf der nassen Fahrbahn ins Schleudern geraten.

Ich behaupte, ein Eisriese hat mir bereits in der Höhle etwas mitteilen wollen und ist dann, als ich die Signale nicht verstanden habe, an meiner Seite geblieben, um den Unfall, den er offensichtlich voraussehen konnte, zu verhindern.«

Salzkammergut: Oberburgau/Schafsberg

Das nasse Kind, die Bergfee
und drei Wichteln

Der Mondsee im Salzkammergut, dessen Südufer die Grenze zwischen Oberösterreich und Salzburg bildet, liegt westlich des Atter- und nördlich des Wolfgangsees. Seinen Namen hat der See von dem alten Adelsgeschlecht der »Mannsees«, aus dessen Namen im Laufe der Zeit »Mondsee« wurde, auch wenn eine Legende anderes berichtet:

Im 8. Jahrhundert ritt Herzog Odilo II. von Bayern, der dem Geschlecht der Agilolfinger entstammte, bei finsterer Nacht an

der Rückseite der Drachenwand entlang und wäre beinahe in
den See gestürzt, wenn er nicht gerade noch rechtzeitig den
Mond gesehen hätte, der sich in dem Gewässer unter ihm
gespiegelt hat.

Entlang des Südufers breitet sich das Gebiet Oberburgau aus, das aus Wald, einem verzweigten Straßensystem, das ebenfalls den Namen Oberburgau trägt, und ein paar Häusern besteht. Die Ansiedlung gehört zur Gemeinde St. Gilgen und ist über die L217, die Kienbergwand Landstraße, erreichbar.

Hat es sich laut Band 2 der Chronik »Topographisches Lexikon (Lexicon) vom Salzach-Kreise« aus dem Jahr 1812, verfasst von Franz X. Weilmeyr, bei »Ober:Burgau« noch um einen Weiler mit »12 Häusern und 77 Seelen« gehandelt, zählt der Ort heute immerhin rund 130 Einwohner.

Bekannt ist in Oberburgau vor allem das ehemalige Forsthaus (Oberburgau 1), in dem einige Sommer lang der Dichter Gottfried Keller (1819 – 1890) wohnte, wenn er sich mit seinen Freunden Adolf Exner, dessen Schwester Marie und deren Gatten Anton von Frisch in Salzburg traf.

Fährt man nun auf der L217 Richtung Nordosten, biegt rechts auf die B151, die Attersee Straße, und nochmals rechts auf die B152, die Seeleiten Straße, gelangt man nach einer folgenden Linkskurve und insgesamt acht Kilometer nach Unterburgau am Attersee, ebenfalls zur Gemeinde St. Gilgen gehörend. Laut dem »Topographisches Lexikon (Lexicon) vom Salzach-Kreise« handelte es sich dabei im Jahr 1812 um einen Weiler mit »6 Häusern und 42 Seelen«, heute leben in dem Dorf gar nur mehr rund 25 Menschen.

Beide Ortschaften haben neben dem -burgau eines gemeinsam: ein vor Nässe tropfendes Geisterkind!

Ich war im Sommer 2013 vor Ort und habe mit einigen Einheimischen gesprochen, die mir mehr oder weniger im selben Wortlaut Folgendes erzählt haben:

Seit mehreren Generationen überliefert sich nicht nur die Geschichte des nassen Kindes, sondern auch die Gestalt wird tatsächlich immer wieder von Menschen in den beiden Orten gesichtet. Es dürfte sich bei dem kleinen Wesen mit dem schulterlangen schwarzen Haar um ein Mädchen im Alter von rund acht Jahren handeln, das in so mancher Dämmerstunde schweigend und mit traurigem Ausdruck im blassen Gesicht auf den Straßen entlangtaumelt. Dabei rinnt dem Kind Wasser aus der zerschlissenen Kleidung, aber die Tropfen, so schildern mir die Leute, kommen nicht am Boden an.

Das kleine Mädchen hat angeblich schon so manchen Autounfall mit Blechschaden verursacht, wenn es vom Fußweg abkam und plötzlich auf die Fahrbahn wankte. Doch stiegen die Lenker dann aus ihrem Pkw, war die Gestalt verschwunden.

Eine ältere Frau, die schon seit ihrer Jugend am Südufer des Mondsees wohnt, erzählte mir etwas ausführlicher von ihrem Zusammentreffen mit dem Geisterkind:

»Dieses Mädchen ist nicht von dieser Welt. Ich kenne es, seit ich hier lebe, hab ihm sogar einen Namen gegeben: Bei mir heißt es Amy.

Das erste Mal bin ich Amy an einem stürmischen Herbstabend im Jahr 1962 begegnet. Ich war damals 24 Jahre alt, frisch verheiratet und schwanger. Ich lief durch den Ort, um zu meiner Schwiegermutter zu gelangen, die mit Arbeit auf mich wartete, und fror erbärmlich, weil ich meine Weste daheim vergessen hatte. Da erblickte ich das Mädchen vor mir auf der Straße, die damals noch geschottert war, tropfend von einer Seite zur anderen torkelnd. Erschrocken eilte ich auf das Kind zu, weil ich aufgrund ihres Ganges dachte, es müsste verletzt sein, außerdem entsetzlich frieren. Während ich von hinten auf Amy zulief, drehte sie sich einmal kurz zu mir um, blickte mich aus traurigen dunklen Augen an und löste sich dann in Luft auf. Ich habe niemandem von dem Erlebnis erzählt, mein Mann hätte mich ausgelacht, meine Schwiegermutter verspottet. Sie hat mich nie gemocht, bis zu ihrem Tod nicht.

Amy habe ich dann erst Jahre später wiedergesehen. Mein Sohn Franz war zu diesem Zeitpunkt sechs Jahre alt. Wir gingen damals im Winter vom Einkaufen nach Hause. Es dämmerte bereits, als wir in der Nähe unseres Hauses ein vor Nässe tropfendes Mädchen die Straße überqueren sahen. Franz blickte mich ängstlich an und umklammerte meine Hand so fest, dass ich dachte, er würde mir die Finger brechen. Er spürte natürlich auch, dass mit dem Kind etwas nicht stimmte, doch ich sagte kein Wort. Wie sechs Jahre zuvor drehte sich Amy auch dieses Mal kurz um, bevor sie einfach in der einsetzenden Dunkelheit verschwand.

Erst als mein Sohn im Teenageralter war, haben wir über dieses Erlebnis gesprochen. Er hat mir erzählt, dass er monatelang Albträume wegen Amy gehabt habe. Das tut mir noch heute leid, denn ich habe davon nichts geahnt. Ich wollte die Spukerscheinung einfach nicht thematisieren und ihr damit Wichtigkeit verleihen.

Danach traf ich Amy immer wieder, alle paar Jahre, ebenso wie mein Sohn. Auch meiner Enkeltochter Sabine und sogar schon meiner Ur-Enkelin Julia ist sie bereits begegnet – in unserer Familie kennt sie inzwischen jeder. Nur mein Mann weigert sich bis heute, ihre Existenz anzuerkennen, er hat sie auch nie gesehen.

Und ich weiß außerdem von meiner 72-jährigen Nachbarin, dass schon ihre Ur-Oma das nasse Kind in Oberburgau erblickt hat. Ihr Bruder sowie die Cousine ihrer Bekannten, die beide in Unterburgau wohnen, kennen die Kleine auch. Es gibt aber garantiert noch mehr Leute, die Amy regelmäßig treffen. Vielleicht finden Sie noch jemanden, der Ihnen von den Begegnungen erzählt!«

Von Oberburgau geht es auf unserer Salzburger Spuktour weiter auf der B154, der Mondseestraße, Richtung Winkl, danach Richtung Ried zum Schafberg. Die Route ist auch bei Wanderern sehr beliebt, die über die Forststraße in Oberburgau Richtung der auf etwa 1.000 Höhenmeter gelegenen Eisenaueralm marschieren, hinter der Buchberghütte in den Wald gehen, den malerischen Suissensee passieren und über den Purtschellersteig den Schafberg erklimmen.

Der Schafberg liegt auf 1.782 Meter Seehöhe im Zentrum des Dreiviertelkreises, den der Attersee, der Wolfgangsee und der Mondsee bilden. Hier befinden sich auch der Mittersee und der Mönichsee. Aufgrund ihrer Platzierung innerhalb der Drei-Seen-Kombination gelten diese drei Stellen als Kraftorte.

Mondsee, Schafberg und Wolfgangsee wiederum bilden laut Geomantie ein Holon, ein Ganzes, das Teil eines anderen Ganzen ist. Somit kann dieser Bereich ebenfalls als energetisch interessant angesehen werden. Es sollen noch viele weitere magische Plätze und Heil bringende Stollen in diesem Gebiet um den Mondsee existieren.

Auf dem Schafberg, der im Jahr 1807 von Erzherzog Rainer bestiegen wurde, existiert eine Felsspalte mit der Bezeichnung »Himmelspforte«, die mit einer Holztafel inklusive entsprechender Inschrift gekennzeichnet ist.

Am Fuß der Erhebung mitten im Seen-Trio gibt es auch einen Glücksplatz, der sich im Wald hinter dem Ort Oberburgau nahe dem Südufer des Mondsees befindet: der Wasserfall Kreuzstein. Seinen Namen verdankt der idyllische Ort einem Kruzifix auf einem Stein am Gewässerrand.

Der Schafberg wird auch als Teufelsabbiss bezeichnet, da der Höllenfürst der Legende nach einst ein Stück vom Untersberg abbiss und den Fels nächtens durch die Lüfte trug, ehe er ihn beim ersten Hahnenkrähen fallen lassen musste. Und dieser riesige Gesteinsbrocken, der beim morgendlichen »Kikeriki« zu Boden plumpste, ist der Schafberg.

Es existiert allerdings noch eine weitere Sage zu dem Zweitnamen des Berges. Nachdem der Teufel der Seele eines fromm gewordenen Einsiedlers aus St. Wolfgang nicht mehr habhaft werden konnte, der zum Dank dafür eine Kirche erbaute, passierte Folgendes:

Satan aber fuhr mit entsetzlichem Ingrimm und Geheul von dannen auf den Schafberg. Er riss im Hinfahren ganze Waldungen nieder und stürzte ungeheure Felsenstücke hinab auf St. Wolfgang. Zum Spott dem heiligen Einsiedler wollte nun auch er auf dem Gipfel des Schafbergs ein Gotteshaus erbauen, was ihm aber nicht gelang. Man kann noch heute das schwarze Gewölbe dieser Teufelskirche sehen. Oft ist an dieser Stelle um Mitternacht ein schreckliches Geheul zu hören und sind blutrote Lichter zu sehen, die in der Höhle glühen. Weil aus dem Bau nichts geworden war, biss der Höllenfürst den Schafberg in der Mitte entzwei und schleuderte die Trümmer in großer Wut ins Tal, wo sie heute noch liegen.

Am Fuß des Schafbergs stand einst die Burg Hüttenstein, die 1329 Erzbischof Friedrich III. von Leibnitz zum Schutz der landesfürstlichen Grenze auf einer 40 Meter langen und zehn Meter breiten Felsrippe erbauen ließ. Andere Quellen gehen von einer Errichtung bereits Mitte des 13. Jahrhunderts aus, als das Gebiet um den Mondsee vom Bistum Regensburg an Salzburg kam.

Als die Festung im 16. Jahrhundert mit einem Pfleggericht ausgestattet wurde, das die heutigen Gemeinden St. Gilgen und Strobl am Wolfgangsee sowie Fuschl am See verwaltete, erfolgte 1565 die Errichtung eines Schlosses am Krottensee, im heutigen Ort Winkl, das die Pfleger, also Landrichter, bezogen. Das neue Gebäude wies jedoch recht bald erste Schäden auf und stand ab 1608 wieder leer, da die Hüttensteiner Beamten ins Gerichtsgebäude von St. Gilgen übersiedelten. Nach einer umfassenden Restaurierung richtete ein Hochwasser im Jahr 1657 neuerlich schwere Verwüstungen an. Bis 1708 wohnten dann erzbischöfliche Pfleger im Schloss, danach nur noch Arbeiter. Außerdem nutzte die Hofkammer die Räumlichkeiten als Munitionslager. Im Jahr 1794 sollte das baufällige Anwesen abgerissen werden, was jedoch nie geschah. Es verfiel zur Ruine, wurde 1811 versteigert und 1817 vom bayerischen Feldmarschall Carl Philipp Fürst Wrede, dem auch die benachbarte Herrschaft Mondsee gehörte, gekauft. Der Adelige ließ das Bauwerk 1843 zu einem Schloss im Stil der englischen Tudor-Gotik umgestalten. 1880 ging Hüttenstein in den Besitz der Fürstin Franziska von und zu Liechtenstein über, die es 1884 an den Generaldirektor der rumänischen Nationalbank, Demeter Ritter von Frank, veräußerte. Im 20. Jahrhundert wechselten die bürgerlichen Eigentümer des Schlosses mehrfach. Es befindet sich, ebenso wie der Krottensee, bis heute in Privatbesitz.

Von der ersten Burg Hüttenstein ist heute nur noch eine etwa sechs Meter lange und zwei Meter hohe Mauer gut erhalten. Die restliche Ruine ist ein überwachsener Schutthaufen, der sich am höchsten Punkt des Wanderwegs befindet, der am Scheitel des Passes auf der Straße von St. Gilgen nach Mondsee beginnt.

Und bei diesen Gesteinsbrocken der ursprünglichen Festung sowie bei der Felsspalte »Himmelspforte« am Schafberg will die heute siebenjährige Emma aus Graz bei Wanderungen mit ihren Eltern eine Bergfee gesehen haben. Emmas Mutter Katharina glaubt ihrem Kind und erklärte mir, dass zwischen den Sichtungen mehrere Monate vergangen waren (September 2011 und Mai 2012), ihr Kind die Erscheinung jedoch beide Male genau gleich beschrieben hat.

Emma erzählte mir von ihrer Begegnung mit dem für ihre Eltern unsichtbaren Wesen:

»Die Frau trägt ein langes Kleid aus Moos und ist nicht besonders schön – sie hat komische Narben im Gesicht. Sie hat mir erzählt, dass sie eine Fee ist und auf den Berg und die Natur aufpasst. Sie will nicht, dass die Menschen Sachen auf den Boden werfen und Blumen abreißen. Aber das haben wir eh nicht gemacht. Ich hab sie gefragt, woher sie kommt, und sie hat gesagt, dass sie einmal ein Mensch war, so wie ich. Nach ihrem Tod wurde sie von ihrem Vater, einem mächtigen Bergelf, geholt, um ihre Aufgabe zu erfüllen. Das muss sie jetzt tun, solange es den Schafberg gibt. Sie darf die Pflanzen und die Tiere dort niemals im Stich lassen. Sie geht immer spazieren und passt auf, dass die Wanderer nichts kaputt machen. Und sie hat mich gelobt, weil ich ein Papier aufgehoben hab, das mir aus der Jackentasche gefallen ist. Meine Eltern haben die Bergfee aber nicht gesehen, vielleicht erscheint sie nur Kindern. Ich hab sie dann noch einmal getroffen, oben bei der Himmelspforte. Die Mama hat komisch geschaut, als ich der Frau zuwinkte, und der Papa hat nur gefragt, ob die unsichtbare Bergfee wieder da sei. Aber sie war ja wirklich da!«

Ob derselbe Naturgeist oder ein anderer auch am Krottensee sein »Wesen« treibt?

Zu diesem 40 Meter tiefen Gewässer, das Generationen von Schlossherren als Mülldeponie gedient haben dürfte und in dem Taucher eine komplette alte Küchengarnitur fanden, existiert folgende regionale Sage:

Einst wollte ein Mann die Tiefe des Krottensees ergründen. Da tauchte ein Männlein aus dem Wasser empor und rief: »Ergründest du mich, verschlick ich dich!« Da bekam der Mann große Angst und lief vor Schreck davon. Seit dieser Zeit heißt es, der See sei unergründlich, man könne die Tiefe nicht feststellen.

Tatsächlich haben die Menschen in der Gegend beim See früher geglaubt, er hätte keinen Boden und es sei daher gefährlich, ihn mit Booten zu befahren. Es ist jedoch durchaus denkbar, dass diese Mär von den Besitzern des Schlosses verbreitet wurde, um sich vor nicht eingeladenen Badegästen zu schützen.

Eine weitere Legende bestärkte die Menschen jedenfalls in ihrem Glauben an die Grundlosigkeit des Krottensees:

Es reiste einst ein Weinfuhrmann aus Niederösterreich, dessen Weingut an der Donau lag, über den Scharflingpass. Als er zum Krottensee kam, scheuten seine Pferde und der Wagen stürzte samt Fuhrmann und Weinfässern in das dunkle Wasser. Sofort war alles in der Tiefe verschwunden. Einige Zeit später saßen die Angehörigen des verunglückten Fuhrmanns beim Abendessen. Da öffnete sich die Stubentür und eine unbekannte Frau mit weißem Haar trat ein. Sie sprach: »Der schwarze See sendet die Fässer und den Wein zurück, aber nicht den Fuhrmann. *Heute ist Vollmond und ihr werdet es um Mitternacht auf dem Fluss sehen. Fahrt hinaus auf die Donau.« Daraufhin verschwand die geheimnisvolle Fremde. Die Söhne des Weinbauern fuhren um Mitternacht auf den Fluss hinaus. Da sahen sie im Mondschein die ihnen wohlbekannten Weinfässer auf den Wellen auf sie zu schwimmen.*

Walter F., ein Grafiker aus St. Gilgen, hat in der Nähe des Krottensees im Mai 2010 folgende Sichtung gemacht:

»Wie jeden Sonntagvormittag war ich mit Sammy, meinem Schäfermischling, in der Nähe des Gewässers unterwegs, weil ich die Atmosphäre in dieser Gegend sehr entspannend finde. Mein Job ist sehr stressig und dort kann ich wunderbar abschalten und Kraft tanken.

Nach etwa einer halben Stunde Fußmarsch stand plötzlich wie aus dem Nichts eine Gestalt vor mir, die mich mit finsterer Miene musterte. Die etwa dreißigjährige Frau trug ein grünes Kleid, aber nicht aus Stoff, sondern aus Gras, und hatte braune Narben in dem blassen Gesicht. Komischerweise hat Sammy keinen Laut von sich gegeben, obwohl er fremde Personen normalerweise anbellt. Die Frau hat auf meinen Hund hinuntergelächelt und dann wieder mich angesehen, wobei sie die Hände in die Hüften stemmte. Und jetzt wird es seltsam: Sammy kam zu mir gelaufen und tippte mit seiner Nase auf den Kaugummi, den ich kurz vorher in die Wiese gespuckt hatte. Ich war so perplex, dass ich ihn aufhob, in ein Papiertaschentuch wickelte und in die Jackentasche steckte. Als ich wieder nach vorne schaute, war die

Gestalt verschwunden und mein Hund ist einfach weitergelaufen, als ob nichts geschehen wäre.«

In der Mondseeregion gibt es noch einen weiteren Platz, an dem angeblich Natur- oder Elementargeister spuken: die Ruine Wartenfels. Dabei handelt es sich um eine Raubritterburg aus dem 13. Jahrhundert, die etwa 18 Kilometer nordwestlich von Oberburgau auf einem kleinen Felsvorsprung am Westhang des Schobers liegt. Von Oberburgau führt der Weg von der L217, der Kienbergwand Landesstraße, auf die B154, die Mondseestraße, weiter auf der B158, der Wolfgangsee Straße, Richtung Fuschl am See. Weiter geht es auf der Seestraße, danach auf der Vordereggstraße bis zum Parkplatz Forsthaus Wartenfels, an dem rechter Hand ein schmaler Steig hinauf in den Wald zur ehemaligen Burg führt.

Die Ruine, die im Wesentlichen aus Mauerresten der einstigen Westwand des Bauwerks besteht, wurde 1259 von Konrad von Steinkirchen und dessen Schwiegersohn Konrad von Kalham (der sich später »von Wartenfels« nannte) errichtet und 1267 erstmals urkundlich erwähnt. Der jüngere Konrad erbaute 1260 mit seinen Brüdern Kuno und Heinrich ohne die Erlaubnis der Salzburger Erzbischöfe eine weitere Burg, Hofkalham. Daraufhin wurden zwei von ihnen, nämlich Konrad und Kuno, zu Raubrittern erklärt und 1269 festgenommen. Da sich angesehene Ministerialen für die beiden Männer verbürgten, konnte der Zwist beigelegt werden. Als die Brüder jedoch damit begannen, Überfälle im Erzbistum zu begehen, wurden sie im Jahr 1275 exkommuniziert und enteignet.

Im Jahr 1301 übergab ein Nachfahre des Konrad von Kalham Burg Wartenfels dem Erzbischof Konrad IV. von Fohnsdorf, durfte den Wehrbau allerdings als Lehen übernehmen.

Später fungierte Wartenfels als Pfleggericht. Zu dieser Zeit wurden die auf der alten Burg Hüttenstein zum Tode Verurteilten nach Wartenfels zur Hinrichtung überstellt.

Während der Bauernkriege 1525/26 brannte die Burg ab und wurde nie mehr vollständig aufgebaut, obwohl im Jahr 1552 Innenausbauarbeiten und 1557 die Errichtung eines neuen Daches nachgewiesen sind. Von 1541 bis 1542 war der Arzt, Astrologe, Alchemist und Philosoph Paracelsus auf der Festung zu Gast. Er soll auch ein Verhältnis mit der Gattin des Burgpflegers gehabt haben. 1564 wurde mit der Errichtung eines eigenen Gerichtsgebäudes in Thalgau begonnen. Nachdem gegen Ende des 16. Jahrhunderts der Pfleger von Wartenfels dorthin übersiedelt war, bewohnten nur noch Wildhüter und Jäger die Burg, die mehr und mehr verfiel. Bereits im Jahr 1608 bezeichnete man Wartenfels offiziell als Ruine. 1981 wurden die Mauerreste teilweise wieder aufgebaut, allerdings nicht dem historischen Vorbild entsprechend.

Unter den Angestellten der adeligen Familie Wartenfels gab es verschiedene Abstufungen der Unfreien. So beispielsweise die »Hofer«, die alle einen Hof hatten und im Frühjahr, also in der Bauzeit, die »Pawsteura« (Bausteuer) bezahlen mussten. Ein solches Gebäude war das »Gut zu Pauhoff«, das sich im heutigen Ort Thalgauegg immer noch an derselben Stelle wie damals befindet (Hausnummer 3). Bei der Errichtung dieses ersten gemauerten Gehöfts wurden vom Besitzer (und anderen Egger Bauern) Steine der Ruine verwendet, was zu einem Verlust zahlreicher Burgmauern führte.

Eine erste urkundliche Erwähnung dieses Hofes mit unterschiedlichen Bezeichnungen wie »Pauhoff-Guet« und »In Prichsen« tauchte 1336 im Zusammenhang mit seinem Besitzer Chunradus (Erzbischof Konrad IV.) auf, dem die Burg Wartenfels samt dazugehörigem Gut auf dem Thalgauegg mit Untertanen und Zehenten im Jahr 1301 von Konrad von Wartenfels überlassen worden war.

Zum Hof gehörte auch eine große Köhlerei, die 1939 beim Erdrutsch des Schobers zerstört wurde.

Georg W. und Markus F., beide 19 Jahre alt und wohnhaft in Fuschl am See, steigen zwei Mal pro Woche zur Ruine Wartenfels hinauf, um dort zu meditieren und Yoga auszuüben. Die jungen Männer, die beide auf der Paracelsus Medizinischen Privatuniversität studieren, konnten sich erst nach längerer Zeit des Zögerns entschließen, mir zu erzählen, was sie bei den Mauerresten im Wald erlebt hatten.

»Wir versuchen zwei Mal pro Woche, wenn wir am Vormittag keine Vorlesung haben oder sonst eben am Samstag oder Sonntag, frühmorgens bei der Ruine im Wald zu meditieren, weil die Energie an diesem Ort von besonders hoher Qualität ist.

An einem Mittwoch im April sind wir gegen 6 Uhr hinaufgeklettert und wollten an diesem Tag Yoga machen, was wir in der Zeit davor ein wenig vernachlässigt hatten. Wir breiteten unsere Matten aus und begannen mit den Übungen. Die Luft war klar und kalt, was uns üblicherweise nicht stört, da die Wärme von innen kommt, wenn man sich auf die Harmonie und den Einklang von Geist und Seele konzentriert. An diesem Tag begannen wir jedoch schon nach kurzer Zeit heftig zu frieren und beschlossen, unsere Übungen abzubrechen. Wir rollten unsere Matten ein und besprachen dabei unseren Lehrplan an der Universität, als es im Gebüsch hinter uns raschelte. Wir schenkten dem Geräusch keinerlei Beachtung, da um diese Uhrzeit alle möglichen Tiere im Wald hochaktiv sind, und plauderten weiter. Plötzlich lief etwas Graues in Blitzgeschwindigkeit an uns vorbei und verschwand hinter einer Mauer. Noch während wir rätselten, ob es sich dabei um einen Hasen gehandelt haben konnte, der ziemlich groß gewesen sein musste, flitzte erneut Etwas in die Ruine hinein. Dieses Mal war es gelb.

Ratlos sahen wir uns an, als eine rote Gestalt, wieder etwa zwanzig bis dreißig Zentimeter hoch, an uns vorbeischoss. Ein Fuchs? Neugierig legten wir die Matten wieder ab und schlichen zu der Ruine hinüber. Vorsichtig schoben wir unsere Köpfe über die Mauer, hinter der die drei Gestalten verschwunden waren, und wären vor Überraschung fast hinten über gekippt, als wir drei … Wichtel, Zwerge, Gnome, keine Ahnung, wie man sie korrekt bezeichnet … sahen, die in einer Ecke standen und miteinander diskutierten. Sie bemerkten uns nicht und redeten heftig gestikulierend weiter, mit einer hohen, singenden Stimme, allerdings zu leise, als dass wir etwas hätten verstehen können. Wir bückten uns hinter den Stein, sahen uns an und fragten uns in diesem Moment vermutlich beide, ob wir am Vortag zu lang gefeiert hatten und unter restalkoholischen Halluzinationen litten. Natürlich wussten wir beide, dass wir den Abend daheim verbracht und gelernt hatten. Um sicherzugehen, schauten wir noch einmal über die Mauer vor uns und sahen die kleinen Lebewesen tatsächlich noch einmal. Doch sie müssen uns gehört haben und verschwanden mit erschrockenen Mienen in einem Spalt zwischen den großen Steinen.

Wortlos schnappten wir unsere Yogamatten und kletterten zum Forsthaus hinunter, stiegen ins Auto und fuhren nach Hause. Wir haben nie wieder über diesen Vorfall im Wald gesprochen, mit niemandem und auch nicht miteinander. Bis heute!«

Zehn Kilometer westlich von Thalgau liegt Eugendorf (erreichbar über die L103, die Thalgauer Landesstraße), wo sich der Burgstall (Überreste einer Burg, von der weniger erhalten ist als eine Ruine) Kalham befindet. Er liegt unter dem Gehöft Hofkalham mit der Adresse Reitberg 14, von dem aus in östlicher Richtung ein Weg durch ein Waldstück zu den Steinen führt.

Bei dem Kalhamer, der im 12. Jahrhundert diese Festung erbaute, dürfte es sich um den Großvater von Konrad von Kalham gehandelt haben, der mit seinem Schwiegervater, Konrad von Steinkirchen, die Burg Wartenfels errichtete.

Im Jahr 1333 verkaufte ein letzter Nachfahre der Kalhams den verbliebenen Besitz der Familie, den Burgstall Kahlham, an den Erzbischof. Damit verschwand dieses

Adelsgeschlecht aus der Geschichtsschreibung im Salzburger Gebiet.

Die Reste der Wehranlage, die teilweise mit Gebüschen überwuchert sind, haben einen Durchmesser von rund 30 mal 45 Meter, bei ihrer Errichtung dürfte die Festung etwa 110 mal 180 Meter groß gewesen sein.

Bei Ausgrabungen im Jahr 1973 wurden 1,20 Meter dicke Ringmauernteile, Brandschutt, Tierknochen, ein Armbrustbolzen und ein gotischer Schlüssel gefunden. Leider haben die Reste nicht ausgereicht, um einen detaillierten Plan der ehemaligen Festung anzufertigen. Sicher ist nur, dass sich die Burg an keinem strategisch günstigen Platz befand, man aber dafür in ihren Mauern einen prächtigen Blick über das Land genießen konnte. Das ist heute aufgrund des starken Baumbewuchses an dieser Stelle mehr möglich ist.

Leopoldine (Name geändert), eine 88-jährige Adelige aus dem Geschlecht der Kalhams, die sich mittlerweile in der Stadt Salzburg niedergelassen hat, vertraute mir ein »Familiengeheimnis« an:

»Als Nachfahrin der Raubritter Kalham ist mir aufgrund von Überlieferungen und dem Vermerk in einer alten Familienchronik bekannt, dass vor allem Konrad von Kalham, der sich ›von Wartenfels‹ nannte, nicht der ›böse Junge‹ war, für den man ihn hielt. Kaum jemand weiß, dass er im Einklang mit der Natur lebte und sich mit Naturgeistern anfreundete. Damals hat man das nicht belächelt oder die Existenz dieser Wesen gar bezweifelt, es dürfte so normal gewesen sein, wie es auch als selbstverständlich galt, dass jede Burg über ein eigenes Schlossgespenst verfügte. Auch in den ganzen Kalham-Burgen hat es mächtig gespukt, daran besteht gar kein Zweifel.

Elfen, Feen, Nixen und Zwerge waren im Gegensatz zu den üblichen Geistern sehr scheu, daher waren die Menschen, die über die Gabe verfügten, mit ihnen Kontakt aufzunehmen und zu kommunizieren, hoch angesehen. Doch Konrad von Kalham wollte, warum auch immer, sein Image vom bösen Raubritter pflegen und aufrechterhalten, darum wussten nur ganz wenige seiner Vertrauten, dass er zu den ›Auserwählten‹ zählte – es handelte sich dabei sozusagen um ein Familiengeheimnis. Kurz vor seinem Tod dürfte er es aber irgendwo aufgeschrieben haben und diese Notiz wurde weitergegeben, bis die Information in einer Familienchronik der Kalhams landete. Somit wissen wir heute, dass unser Vorfahre mit Natur- und Elementargeistern gesprochen hat und sich bei so manchem Bauvorhaben sogar von ihnen beraten ließ. Vorwiegend soll er mit Wichteln kommuniziert haben. Besonders interessant erscheint mir in diesem Zusammenhang, dass bereits sein Vater und sein Großvater ebenfalls diese Gabe besaßen, seine Söhne jedoch nicht mehr – jedenfalls ist darüber nichts bekannt. Konrad hat vermerkt, dass drei Wichtel, die er später ebenfalls kennenlernen durfte, seinem Großvater einst den Platz für die Festung Kalham, den heutigen Burgstall in Eugendorf, zeigten. Seitdem, so hört man es immer wieder, erscheinen die drei Zwerge offensichtlich recht oft bei der Burg Wartenfels, hin und wieder werden sie bei dem Gut ›In Prichsen‹ in

Thalgauegg gesichtet und sehr häufig sind sie beim Burgstall anzutreffen.

Ich möchte an dieser Stelle einen Appell an all jene richten, die sich vor den kleinen Wesen fürchten oder gar gruseln. Wichtel tun niemandem etwas – im Gegenteil, sie sind den Menschen wohlgesonnen. Sie können nur zornig werden, wenn man sich in der Natur danebenbenimmt und beispielsweise etwas Unverrottbares wegwirft oder gedankenlos Pflanzen vernichtet. Natürlich darf jeder ein paar Blumen pflücken, aber eben nicht in Unmengen, um sie dann wegzuwerfen. Sie greifen dann aber auf eine Art und Weise ein, die der Mensch gar nicht bemerkt. Er stolpert beispielsweise, ohne zu sehen worüber, dabei haben ihm die Wichtel einen Ast zwischen die Beine gehalten und dann schnell wieder weggezogen. Wenn sie gesehen werden, handelt es sich entweder um ein Versehen oder sie zeigen sich den Personen, von denen sie annehmen, dass diese reif genug sind, um mit der Verantwortung ihrer Bekanntschaft mit diesen Lebewesen umzugehen.

Ich habe diese Gabe, mich mit den Naturwesen unterhalten zu können, ebenfalls – ob zufällig oder geerbt, weiß ich nicht. Es ist eine große Bereicherung für mein Leben und ich bin dafür sehr dankbar!«

Quellen

Stand aller Internetseiten per 1.6. 2013

Allgemein

http://www.wikipedia.at freie Online-Enzyklopädie
http://www.aeiou.at   österreichisches Wissensnetz

Quelle aller Sagen im Buch (sofern nicht anders angegeben):
http://www.sagen.at   Datenbank zur europäischen Volkskunde

Werfen im Pongau: Festung Hohenwerfen
http://www.burgen-austria.com/archive.php?id=312

Großgmain: Plainburg
http://www.max-gandolph.magix.net/website/meine_besucher.13.
   html
http://www.salzburg-burgen.at

Salzburger Becken: Untersberg
Cerny, Christine: »Magisch Reisen Österreich. Lebendiges
   Brauchtum und alte Kultplätze«, Goldmann Verlag, München
   1992
Mitteilungen der Gesellschaft für Salzburger Landeskunde,
   Jahrgang 1942, Band LXXXII/LXXXIII, S. 39–43
http://www.wfg-gk.de/mystik21a.html
http://www.untersberg.org
http://unglaublichkeiten.org/unglaublichkeiten/htmlphp/
   untersberg2.html
https://www.stadt-salzburg.at/internet/bildung_kultur/stadt-
   geschichte/aus_der_geschichte_332264/plaetze_maerkte/
   ausgewaehlte_spezialmaerkte_212354.htm

http://www.kraftort.org/Osterreich/Salzburg/Untersberg/unters-
    berg.html

Stadt Salzburg: Gutshof in der Neukommgasse
Scheutz, Martin: »Alltag und Kriminalität. Disziplinierungs-
    versuche im steirisch-österreichischen Grenzgebiet im
    18. Jahrhundert«, Wien 2001
»Die Grenzboten«, Zeitschrift für Politik und Literatur, Band 20/
    Ausgabe 2, Leipzig 1861
http://www.diehenker.at
http://www.duesseldorf-blog.de/2007/05/20/duesseldorf-im-
    rueckspiegel-wo-heine-die-schoene-henkerstochter-kuesste/
http://www.matoni.de/heine/hhmem_04.htm

Stadt Salzburg: Rathaus/Getreidegasse
Chronik der Stadt Salzburg 16. bis 18. Jahrhundert
Jenwein, Herbert: »Regionale Schwerpunkte der Hexenverfolgun-
    gen und Zaubereiprozesse«, Seminararbeit (Volkskunde),
    Innsbruck 2001
Kurz, Michael: »Der Wahn um den Zauberer«, Oberösterreichische
    Nachrichten vom 29.11.2003
Lehrerarbeitsgemeinschaft Salzburg, Heimatkunde Stadt Salzburg,
    Eigenverlag der Salzburger Sparkasse, Salzburg 1997
Leonhardt, Henrike: »Der Kampf um ein ›fleckenloses Salzburg‹
    hat Tradition«, Apropos, Nr. 65, Salzburg 2003
Hasmann, Gabriele und Hepp, Ursula: »Hexen, Heiler und
    Dämonen«, Verlag Carl Ueberreuter, Wien 2010
Valentinitsch, Helfried: »Hexen und Zauberer. Die große Verfol-
    gung – ein europäisches Phänomen in der Steiermark«,
    Leykam Verlag, Graz 1987
http://derstandard.at/1231153033822/Der-Zauberer-Jackl-und-die-
    Ausloeschung-der-Unterschicht
http://derrotestiftche.blogspot.co.at/2007/02/die-zauberer-jackl-
    prozesse-in-salzburg.html
http://web.archive.org/web/20070927170819/http://www.apropos.
    or.at/html/show.php?rubrik=1&id=323

124

St. Koloman: Wilhelmskapelle
http://www.landesmuseum.at/pdf_frei_remote/MittArgeHaus
    NaturSalzburg_BOT_A2_0035-0036.pdf
http://www.kraftplatz-tennengau.at/htm/01402.htm

Tennengau: Lammertal, Aualm und Tennengebirge
http://laemmerhof.wordpress.com/2013/07/30/die-heimatsage-
    die-streitenden-hofweiber/

Salzkammergut: Oberburgau/Schafsberg
Reisinger, Anton: »Wundersames Mondseeland: Sagen, Legenden
    und Erzählungen für Kinder und Erwachsene aus dem
    Mondseeland und seiner Umgebung bis St. Wolfgang mit
    begleitenden Texten aus Geschichte und Naturgeschichte«,
    Verlag Omnipublica, Mondsee 2006
Zarbl, Johann Baptist: »Erinnerungen aus einer Reise durch einige
    Abteien in Österreich und das k. k. obderensische Salzkammer-
    gut«, Verlag Pustet, Regensburg 1836
http://www.kraftort.org
http://www.austria.info
http://www.mondsee.at
http://austria-forum.org
http://www.burgen-austria.com/archive.php?id=1019
http://www.burgenseite.com/unknown/huettenstein_txt.htm

Unheimliches
und Unerklärliches

Gabriele Hasmann / Ursula Hepp
Spuk in Österreich
Unheimliche Orte und
mysteriöse Begegnungen

208 Seiten
Hardcover mit
Schutzumschlag
ISBN 978-3-8000-7524-9

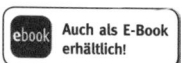

Gabriele Hasmann / Ursula Hepp
Unheimliches Österreich
Mysteriöse Orte und
Begegnungen

208 Seiten
Hardcover mit
Schutzumschlag
ISBN 978-3-8000-7568-3

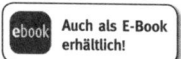

Gänsehaut garantiert!

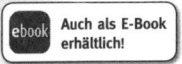

Salzburg
Spukkarte

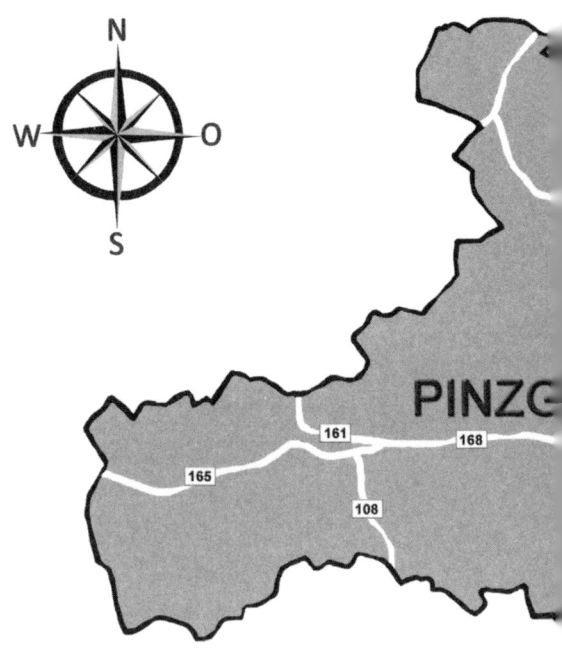

N
W O
S

PINZG

161   168
165
108